역사 속 세기의 로맨스

 12 존 F. 케네디와 재클린

2014년 11월 3일 초판 1쇄 인쇄
2014년 11월 7일 초판 1쇄 발행

글 박시연 / 그림 유수미
펴낸이 이철규 / 펴낸곳 북스
편집 이은주 / 편집디자인 이지훈

편집부 02-336-7634 / 영업부 02-336-7613 / FAX 02-336-7614
전자우편 vooxs2004@naver.com / 등록번호 제 313-2004-00245호 / 등록일자 2004년 10월 18일

주소 서울특별시 광진구 동일로 4길 32 2층
값 10,800원
ISBN 978-89-6519-072-1 74800
　　　978-89-6519-043-1 (세트)

잘못된 서적은 구입하신 서점에서 교환하여 드립니다.
이 책은 저작권법에 의해 보호를 받는 저작물이므로 불법 복제와
스캔 등 무단 전재 및 유포·공유를 금합니다.

이 도서의 국립중앙도서관 출판시도서목록(CIP)은 서지정보유통지원시스템 홈페이지(http://seoji.nl.go.kr)와
국가자료공동목록시스템(http://www.nl.go.kr/kolisnet)에서 이용하실 수 있습니다.
(CIP제어번호 : CIP2014030262)

역사 속 세기의 로맨스

12 존 F. 케네디와 재클린

글 박시연 그림 유수미

vooxs북스
BOOK IN YOUR LIFE

독자 여러분의 사랑과 관심 덕분에 '역사 속 세기의 로맨스' 1부를 무사히 끝마치게 되었습니다. 열 번이나 되는 과거로의 여행을 통해 사랑에 대한 특별한 깨달음을 얻게 된 이지가 결국 주노와도 사랑의 결실을 맺게 되어 참 다행이라고 생각합니다.

하지만 이대로 이야기를 마치기에는 왠지 아쉬움이 남았습니다. 아직도 우리가 알고 싶은 세기의 로맨스는 많이 남아 있기 때문입니다. 그래서 다시 새로운 로맨스를 찾는 여행을 떠나기로 결심했습니다.

이번 이야기에서는 새로운 주인공 리사와 선재가 등장합니다. 리사는 성북동의 으리으리한 저택에서 공주님처럼 살고 있는 사장님의 따님이고, 선재는 병에 걸려 입원한 아빠 대신 리사네 집에서 잡일을 도맡아 하는 어린 집사입니다. 두 사람은 같은 학교에 다니고 있는 친구이기도 합니다.

언뜻 봐선 환경이 너무 다른 두 사람 사이에서 무슨 로맨스가 생길까 싶습니다. 하지만 사랑이란 원래 엉뚱한 곳에서 갑작스럽게 생겨

　나는 감정이 아닐까요? 평소 도도하고 콧대 높은 리사지만 늘 선량하고 헌신적인 선재에게 조금씩 마음이 끌리기 시작합니다. 게다가 리사에게도 신비한 책 '세기의 로맨스'가 찾아옵니다.

　이 책을 펼치는 순간 리사는 과거의 낯선 세계로 떨어져 역사에 남을 만한 사랑을 한 남녀 주인공을 만나게 됩니다. 그들과 함께 웃고 울며 사랑의 진정한 의미에 대한 깨달음을 얻어가는 리사.

　리사는 과연 선재를 진심으로 좋아할 수 있게 될까요?

　궁금하시다면 독자 여러분도 리사와 함께 세기의 로맨스를 찾는 여행을 떠나보시죠.

박시연

머리말 _6

오랜 기다림 _11

장미와 자전거 _29

꽃미남 국회의원 케네디 _46

로맨틱 사진사 _53

명문가의 그림자 _73

성급한 약혼식 _99

세기의 결혼식 _128

운명의 TV토론 _146

미합중국의 대통령이 되다 _170

부록 미합중국 35대 대통령 존 F. 케네디 _179

1
오랜 기다림

일요일 오전은 화창했다. 아침을 먹는 둥 마는 둥 하고 리사는 식탁에서 일어섰다.
"잘 먹었습니다!"
서둘러 주방을 빠져나가려는 리사를 향해 성 여사가 눈살을 찌푸렸다.
"왜 밥을 그것 밖에 안 먹어? 혹시 음식이 입에 맞지 않니?"
"그게 아니고……."
울상이 되어 자신을 쳐다보는 양평댁과 두 명의 메이드 언니를 힐끔거리며 리사가 대답했다.
"음식은 훌륭해요. 그냥 봄이라서 입맛이 없는 것 같아요."
"저런, 우리 딸 보약이라도 먹여야 할까보다."
강 사장까지 냅킨으로 입가를 닦으며 걱정스런 표정을 지었다. 일이 더 커지기 전에 리사가 서둘러 주방을 빠져나갔다.

"난 정말 아무렇지도 않다니까요."

리사가 사라지자마자 성 여사가 한숨을 푹 쉬었다.

"리사가 한국 생활에 적응하기 힘든 모양이에요."

"……."

"아무리 생각해봐도 이렇게 갑자기 돌아오는 게 아니었어요. 스페인에 친구들을 모두 남겨놓고 왔으니, 리사 쟤가 어린 마음에 얼마나 상심했겠어요?"

"그 얘기는 그만하기로 했잖소?"

"어떻게 그만해요. 나와 리사는 육 년 동안이나 스페인 사람처럼 살았다고요."

"그럼 아픈 아버지를 모른 척했어야 했다는 말이오?"

"그런 뜻이 아니라 당신 혼자 너무 서둘러서 결정을 내렸다고요."

"이미 끝난 얘기요. 그만합시다."

"당신은 그게 문제예요. 우리 말은 들으려고도 하지 않잖아요."

"어허!"

강 사장이 손바닥으로 식탁을 내리치며 눈을 치켜떴다. 이번에는 성 여사도 지지 않고 강 사장을 쏘아보았다. 두 사람 사이의 공기가 냉랭해지자 양평댁과 메이드들은 당황하여 어쩔 줄 몰랐다.

"후우……."

거실에 우두커니 서서 주방에서 들려오는 소리에 귀를 기울이고 있던 리사가 어깨를 축 늘어뜨렸다.

"우리 엄마와 아빠는 꼭 폭발 직전의 화산 같아. 언제 터질지 몰라 주위 사람들을 전전긍긍하게 만들지."

리사가 복잡한 생각을 떨치려는 듯 고개를 절레절레 흔들며 현관문을 열어젖혔다. 밖으로 나오자마자 향긋한 풀냄새와 꽃향기가 밀려들었다. 평소 저택의 정원을 못마땅하게 여겼던 리사조차 눈을 지그시 감으며 상쾌한 공기를 한껏 들이켰다.

"이 정원도 썩 나쁘지는 않은 것 같아."

천천히 눈을 뜨는 리사 앞에 아침햇살을 반사하며 파랗게 빛나는 정원수들이 보였다. 잎이 반짝거리는 것으로 보아 누군가 아침부터 물을 뿌려준 듯했다. 리사가 피식 웃으며 걸음을 옮겼다.

"선재 녀석, 쓸데없이 부지런하다니까."

선재를 찾아 넓은 정원을 돌아다니던 리사가 멈칫했다. 나무들 사이에 서 있는 선재를 발견했기 때문이다. 그런데 선재의 모습이 조금 이상했다. 그는 자신보다 약간 큰 산수유나무를 꼭 끌어안고 있었다. 눈까지 질끈 감고 있는 품이 꼭 좋아하는 소녀를 안고 있는 것 같았다. 리사는 아침부터 뭐하는 짓이냐고 소리치려고 했다. 그런데 차마 입을 열 수가 없었다. 선재의 얼굴이 너무 진지해 보였기 때문이다. 선재에게선 무언가 함부로 대할 수 없는 분위기가 풍기고 있었다. 그래서일까? 묘한 감정이 리사의 마음을 흔들었다. 리사가 숨을 죽인 채 한동안 가만히 지켜보았다.

"후우……."

한참만에야 선재가 숨을 길게 뱉으며 나무로부터 떨어졌다. 선재가 손바닥으로 나무줄기를 쓰다듬으며 속삭였다.

"너무 걱정하지 마. 모든 게 잘될 거야."

리사도 새삼스럽게 나무를 살펴보았다. 그러고 보니 다른 나무들은 파랗게 잎을 달고 있는데, 저 작은 나무만은 가지가 앙상했다. 생기 잃은 거무튀튀한 껍질이 각질처럼 떨어지고 있는 것으로 보아 이미 죽어버린 나무가 분명했다.

"이제 보니 너 순 거짓말쟁이구나?"

"!"

갑작스런 목소리에 놀란 선재가 고개를 돌렸다.

"리사, 여기서 뭐하고 있어?"

"그러는 너야말로 뭐하고 있는데?"

"나야 뭐 그냥……."

선재가 힐끗 키 작은 나무를 보았다. 리사가 선재에게 한 걸음 다가서며 따졌다.

"그 나무는 이미 죽어버렸는데, 너는 당장이라도 살아날 것처럼 얘기하고 있잖아. 이게 거짓말이 아니고 뭐겠어?"

"으음……."

잠시 나무를 뚫어져라 보던 선재가 말했다.

"이 녀석은 죽지 않았어."

"뭐라고?"

"이 나무는 아직 죽지 않았다고."

"헐!"

리사가 헛웃음을 지으며 나무를 향해 다가갔다. 그리고 손가락으로 바싹 마른 줄기를 긁었다. 그러자 큼직한 나무껍질이 무더기로 떨어졌다. 선재를 향해 돌아서는 리사의 한쪽 입술이 슬쩍 올라갔다.

"이래도?"

"곧 기운을 차릴 거야. 내 말을 믿어도 좋아."

"흐음……."

눈을 가늘게 뜨고 선재의 얼굴을 보던 리사가 불쑥 물었다.

"만약 살아나지 않으면 어쩔래?"

"뭐?"

"살아나지 않으면 어떻게 책임질 거냐고?"

"……?"

황당한 듯 리사의 얼굴을 보던 선재가 어깨를 으쓱했다.

"어떻게 책임져야 하는데?"

"만일 나무가 죽어버리면 일주일 동안 나의 노예가 되도록 해."

"노예라고……?"

"학교에서든 집에서든 무조건 내 명령에 복종하는 거지. 아무리 어려운 명령이라도 절대로 거부하면 안 돼."

잠시 골똘히 생각하던 선재가 순순히 고개를 끄덕였다.

"알았어. 대신 나무가 살아나면 어쩔 건데?"

"응?"

"내기를 하려면 너한테도 패널티가 주어져야 하는 거 아닌가?"

'이 녀석 이거 완전 바보는 아니네.'

선재를 흘겨보던 리사가 큰 선심이라도 쓰듯 말했다.

"정말로 그런 기적 같은 일이 생긴다면 네 소원 한 가지를 들어줄게."

"나는 일주일 동안 노예가 되는데, 너는 달랑 소원 한 가지?"

"응!"

당연하다는 듯 고개를 끄덕이는 리사를 황당한 듯 보던 선재가 손을 휘휘 저었다.

"알았다, 알았어."

"저 나무가 살아난다면 내 손에 장을 지지겠다."

리사가 비웃음을 흘리며 돌아섰다. 선재를 뒤로하고 몇 걸음 옮기던 리사가 멈칫했다.

"너, 오늘 뭐해?"

"별로 특별한 일은 없는데?"

"그럼 나 서울 관광 좀 시켜줘."

"서울…… 관광?"

"너무 어려서 떠났더니, 어디가 어딘지 통 모르겠어. 오늘 하루 가이드가 되어달라고."

선재가 순순히 고개를 끄덕했다.

오랜 기다림

"그러지, 뭐."

"대신……."

리사가 선재 앞으로 바싹 다가서며 목소리를 낮추었다.

"비밀로 해야 돼."

"어째서?"

"그냥 시키는 대로 해."

리사는 차마 너와 다니면 엄마가 싫어할 거라고 말할 수가 없어서 대충 얼버무렸다. 선재도 더 이상 묻지 않고 언제나처럼 빙그레 웃었다. 리사가 무슨 음모라도 꾸미는 목소리로 속삭였다.

"오늘 오후 3시 정각에 성북동 입구에 있는 패스트푸드점에서 만나."

"알았어."

"늦으면 혼난다."

햇살 속으로 멀어지는 리사의 뒷모습을 선재는 멍하니 지켜보았다. 선재는 리사가 봄의 정원을 날아다니는 한 마리 나비 같다고 생각했다.

저택 안으로 들어온 리사는 콧노래를 부르며 위층으로 올라가는 계단으로 향했다.

"우리 딸이 오늘 기분이 좋은 모양이네?"

깜짝 놀라 돌아서는 리사 앞에 성 여사가 서 있었다.

"어, 엄마?"

"왜 그렇게 놀라?"

"하하! 놀라긴 누가 놀랐다고…….."

순간 성 여사의 눈빛이 변했다. 그녀가 의심스런 눈초리로 딸의 얼굴을 살폈다.

"리사 너, 엄마한테 뭐 속이는 거 있니?"

"속이긴 뭘? 엄마는 아침부터 왜 사람을 의심하고 그래요?"

리사는 침착하려고 노력했지만 목소리가 자꾸 높아졌다. 딸의 얼굴을 뚫어져라 응시하던 성 여사가 어깨를 으쓱하며 돌아섰다.

"하긴 우리 딸이 엄마를 속일 일이 뭐가 있겠어?"

"후우……."

방으로 들어가는 성 여사를 보며 리사가 가슴을 쓸어내렸다.

"하마터면 들킬 뻔했어. 역시 엄마의 눈치는 당할 수가 없다니까."

핸드폰이 울린 것은 그때였다.

"아, 찬영아!"

찬영의 목소리를 확인한 리사가 반가운 표정을 지었다.

"아, 맞다! 우리 오늘 영화 보러 가기로 했었지? 벌써 예매했다고? 알았어. 그럼 거기서 만나."

전화를 끊자마자 리사는 계단을 뛰어올라갔다. 방으로 들어간 리사는 봄의 정취가 물씬 풍기는 꽃무늬 원피스를 입었다. 전신거울 앞에 서서 한 바퀴 빙글 돌아본 리사가 흡족한 미소를 지었다.

예쁘게 차려 입고 서둘러 마당을 가로지르는 리사의 모습을 잉어에게 먹이를 주던 선재가 쳐다보며 고개를 갸웃했다.

"어딜 저리 부리나케 가는 거지?"

　일요일의 종로 거리는 오전부터 사람들로 북적였다. 리사는 한 멀티플렉스 영화관에서 찬영이를 만났다. 찬영이는 깔끔한 느낌의 체크무늬 셔츠에 스키니진 그리고 파란색 단화를 신고 있었다. 전체적으로 세련된 차림이 찬영이의 시크한 얼굴과 완벽한 조화를 이루었다. 리사와 찬영이가 나란히 서자 주위에서 빛이 나는 것 같았다. 아이돌 스타라도 되는 듯 행인들이 두 사람을 힐끔거리며 지나갔다. 어떤 또래들은 핸드폰을 꺼내 사진을 찍기까지 했다. 사람들의 시선의 짜증스러운 듯 눈살을 찌푸리는 리사를 향해 찬영이 물었다.
　"우리 간식 사러 갈까?"
　"좋아."
　리사와 찬영이 나란히 푸드 코너 앞에 섰다.
　"뭐 먹을래?"
　"으음……."
　코너를 둘러보던 리사가 킁킁거렸다.
　"이 달콤한 냄새는 뭐지?"
　"아, 버터구이 오징어 냄새야."
　"맛있겠다. 우리 그거 먹자."
　"알았어."
　찬영이가 버터구이 오징어와 팝콘 그리고 콜라까지 샀다. 상영관 안으로 들어가며 리사가 들뜬 목소리로 말했다.

"스페인 극장에선 그냥 영화만 보는데, 한국 영화관은 맛있는 것도 많고 정말 재미있는 것 같아."

"그래? 그럼 우리 자주 오자."

"좋아."

리사와 찬영이는 나란히 앉아 오징어를 먹으며 영화를 관람했다. 해적 소년과 드래곤의 우정을 다룬 영화였다. 리사는 어느새 눈을 크게 뜨고 영화 속으로 빨려 들어갔다. 찬영이 미소를 머금은 채 스크린의 빛으로 가끔 환하게 빛나는 리사의 옆얼굴을 돌아보곤 했다.

"영화 정말 재미있었지?"

"응, 두 시간이 어떻게 흘러갔는지 모를 정도야."

영화관을 빠져나오는 리사와 찬영의 표정은 밝았다. 햇살 좋은 거리로 나온 찬영이 리사를 향해 돌아섰다.

"배고프지? 점심 먹으러 갈까?"

"그러자."

"먹고 싶은 거 있어?"

"햄버거, 피자, 떡볶이, 순대!"

"흐음, 한국 중학생들이 보통 먹는 걸 먹고 싶구나?"

"바로 그거야."

"좋았어. 따라와!"

찬영이 리사의 손을 잡고 힘차게 걸음을 내딛었다.

"으아…… 나 배 터질 거 같아. 아무래도 너무 많이 먹은 모양이야."
"햄버거, 피자에 떡볶이와 순대까지 먹었으니 조금 무리하긴 했지."
잠시 후, 찬영과 리사는 불룩해진 배를 두드리며 거리를 산책하고 있었다. 햇빛은 투명하고 날씨는 온화했다. 아이스크림을 들고 명동에서 청계천까지 걸으며 리사는 진심으로 즐거웠다. 한국으로 돌아와 가장 유쾌한 하루였다고 할 만했다. 당연히 리사는 선재와의 약속 따위는 까맣게 잊고 있었다.
노을이 지는 시간이 되어서야 리사는 찬영과 헤어졌다. 리사의 집 앞에서 찬영이 물었다.
"우리 다음 주말에 또 만날까?"
"으음……."
선뜻 대답하지 않는 리사의 얼굴을 바라보며 찬영이 살짝 긴장했다.
"좋아, 만나."
"좋았어!"
리사가 고개를 끄덕이자, 찬영이 주먹을 불끈 쥐었다.
"분명히 약속했다!"
팔을 흔들며 달려가는 찬영을 지켜보는 리사의 입가에도 미소가 걸렸다.
"제법 귀여운 녀석이라니까."

리사가 가벼운 걸음으로 집안으로 들어갔다.

"하루 종일 어딜 다녀오는 길이니?"

기분 좋게 거실로 들어서던 리사는 성 여사의 목소리에 멈칫했다. 리사가 고개를 돌려 거실 창가에 화판을 세우고 그림을 그리고 있던 성 여사를 쳐다보았다. 한때 서양학과 교수로 재직했던 성 여사는 스페인에 있을 때도 늘 베란다에 화판을 세우고 키 작은 올리브나무가 늘어선 들판을 화폭에 담곤 했었다.

리사가 성 여사를 향해 다가갔다.

"엄마, 다시 그림 시작했어요?"

화판에는 노을빛에 물든 정원을 담은 그림이 걸려 있었다. 그림을 들여다보는 리사를 성 여사가 힐끗 보았다.

"어디 다녀오는 길이냐니까?"

"찬영이랑 영화 보고 왔어요."

"찬영이?"

"기억 안 나요? 왜 초등학교 일 학년 때 나한테 청혼했던 울보 녀석 있잖아요."

"아…… 스카이그룹의 후계자라는?"

"응, 그 녀석이 나와 같은 반이더라고요."

"그 찬영이가 너한테 영화를 보자고 했단 말이지?"

"네."

잠시 골똘히 생각하던 성 여사가 리사에게 당부했다.

오랜 기다림

"찬영이 같은 친구와는 친하게 지내도 좋지만 절대로 약점 잡힐 짓을 해서는 안 돼."

"걱정하지 마요, 엄마."

"그래, 엄마는 우리 딸을 믿는다."

리사의 얼굴을 흐뭇하게 들여다보던 성 여사가 문득 눈살을 찌푸렸다.

"그런데 이 녀석은 어디로 사라졌는지, 원."

"응, 누구?"

"선재 말이다. 시킬 일이 있는데, 아까부터 코빼기도 안 보이는구나."

"아……!"

그제야 리사는 아침의 약속을 떠올렸다.

"왜 그러니?"

"아, 아무것도 아니에요. 엄마, 나 잠깐 나갔다 올게요."

"다 늦게 또 어딜 가는 거야?"

"헉헉……!"

리사는 숨을 헐떡이며 성북동 언덕길을 달려 내려갔다. 선재와 만나기로 약속한 패스트푸드점 문을 열고 들어가며 리사는 중얼거렸다.

"아닐 거야. 아직까지 기다리고 있을 리가 없잖아?"

패스트푸드점 안을 둘러본 리사의 입에서 안도의 한숨이 새어나왔다. 선재의 모습이 보이지 않았던 것이다.

"그럼 그렇지!"

막 문을 열고 나가려던 리사가 이 층으로 통하는 계단을 발견하고 멈칫했다. 리사가 옆을 지나가는 알바생을 붙잡고 물었다.

"언니, 여기 이 층도 있나요?"

"예, 하지만 지금은 손님이 한 명도 없어요."

잠시 망설이던 리사가 천천히 계단을 밟고 올라갔다.

"아……!"

텅 빈 이 층의 창가 쪽 자리에 우두커니 앉아 있는 선재의 모습을 발견한 리사의 입에서 신음이 흘러나왔다. 선재는 통유리의 창 너머 노을 진 거리를 바라보고 있었다. 반쯤 몸을 돌리고 앉아 있는 선재의 모습도 붉은빛에 잠겨 있었다. 그래서일까? 선재는 마치 오래된 풍경화 속의 주인공처럼 보였다. 그의 모습은 리사에게 묘하게도 서글픈 감정을 불러일으켰다. 한동안 선재를 뚫어져라 응시하던 리사가 눈을 치켜뜨며 다가갔다.

"너, 여기서 뭐하고 있는 거야?"

"응?"

병한 눈으로 리사의 성난 얼굴을 돌아보던 선재가 언제나처럼 선량하게 웃었다.

"어, 왔구나."

"어, 왔구나?"

리사가 쏘아붙이자 선재는 입을 다물었다. 잘못한 것도 없으면서 미안한 표정을 짓는 선재 때문에 리사는 더욱 화가 치밀었다.

오랜 기다림

"이선재, 너는 그게 문제야. 잘못은 내가 했는데 왜 네가 미안해하는 건데?"

"……."

"오후부터 쭉 여기서 기다리고 있었던 거야?"

"네가 3시에 여기서 만나자고 했잖아."

"헐!"

리사가 손바닥으로 이마를 탁 때렸다.

"멍청아, 그래도 안 나타나면 돌아갔어야지."

"그런 건가? 나는 한번 한 약속은 반드시 지켜야한다고 생각했기 때문에……."

"후아아…… 너 정말 대책 없는 녀석이구나."

"……."

리사가 빙글 돌아섰다.

"따라 나와."

"어디 가려고?"

대답도 하지 않고 걸어 나가는 리사를 선재가 헐레벌떡 쫓아갔다. 밖으로 나온 리사가 선재를 향해 눈을 부라렸다.

"자, 이제 어떻게 할 거야?"

"뭘?"

"오늘 나한테 시내 관광시켜주려고 나온 거 아니었어?"

"그야 그렇지만……."

"기왕 지금까지 기다렸으니까 근사한 곳으로 안내해줘. 기대하고 있을게."
"……!"

2
장미와 자전거

　한동안 고민하던 선재는 리사를 전철역으로 안내했다. 일요일 오후인지라 전철은 초만원이었다.
　"꺄아악! 사, 사람 살려!"
　만원 전철에 처음 타본 리사가 뚱뚱한 아줌마와 아저씨 사이에 끼어 비명을 질렀다. 선재가 재빨리 리사의 앞을 가로막고는 손잡이를 움켜잡은 채 밀려드는 사람들을 몸으로 막아냈다. 덕분에 간신히 숨통이 트였지만 리사는 짜증이 울컥 치밀었다. 내가 왜 이런 생고생을 해야 한단 말인가?
　'차라리 다음 역에서 확 내려버릴까?'
　선재를 밀치고 나가려던 리사가 멈칫했다. 손잡이를 잡은 팔을 부들부들 떨며 승객들을 억지로 막고 있는 선재의 모습을 발견했기 때문이다. 이마에 땀방울이 송글송글 맺힌 상태에서도 선재의 입가에는 미소가 걸려 있었다. 선재의 얼굴을 빤히 보며 리사는 조금 더 시간을 주기로 마음먹었다.

리사와 선재는 한강변에서 내렸다. 사위는 어두워졌지만 따뜻한 강변의 공원은 사람들로 넘실거렸다. 선재와 나란히 걸으며 리사의 눈이 휘둥그레졌다.

"이 시간에 웬 사람들이 이리 많아?"

"한강공원은 서울에서 가장 인기 있는 장소거든."

검푸른 강물과 그 너머 환하게 불 밝힌 빌딩숲을 바라보며 리사는 과연 그럴 만하다고 생각했다. 유럽에 있는 동안 여행했던 로마의 테베레강이나 파리의 세느강, 세비아의 과달키비르강과 비교해도 한강은 전혀 손색이 없었다.

"나한테 제일 먼저 한강을 보여주고 싶었던 거구나?"

"으응!"

"합격이야."

"응?"

"나도 이곳이 썩 마음에 든다고."

희미하게 미소 짓던 선재가 불쑥 앞을 가리켰다.

"우리 저거 탈까?"

"뭔데?"

선재가 가리키는 곳에 자전거 대여소가 있었다.

"글쎄……."

망설이는 리사의 팔을 선재가 끌어당겼다.

"한강에 오면 무조건 자전거를 타야 한다고!"

"어어……!"

잠시 후, 선재와 리사는 2인용 자전거를 타고 한밤의 강변을 질주했다. 어디선가 강바람이 불어와 선재와 리사의 머릿결을 스치고 지나갔다. 갈매기 몇 마리가 흰색 날개를 반짝이며 자전거를 따라오는 게 보였다. 리사가 갑자기 두 팔을 활짝 벌렸다.

"꺄아~ 신 난다!"

선재도 리사를 따라 외쳤다.

"나도 신 난다!"

리사가 앞에 있는 선재의 등을 보았다. 오늘따라 그것은 매우 믿음직하게 느껴졌다.

"후우우……."

그날 밤, 샤워를 마친 리사는 침대에 벌러덩 드러누웠다. 하루 종일 너무 과격하게 놀았는지 피곤이 밀려들었다. 찬영이와 영화를 본 것도 좋았지만 선재와 자전거를 타고 질주했던 강변도 특별했다. 천장에서 선재와 찬영이 나란히 미소 짓고 있었다. 리사가 잡념을 떨치기 위해 고개를 획획 가로저었다.

며칠 후 아침, 리사는 기분이 조금 가라앉은 상태에서 등교를 하기 위해 현관문을 열고 나왔다. 요즘 밤마다 선재와 찬영이 번갈아 꿈속에 나타나는 바람에 잠을 설쳐대는 터라 수면 부족인 것이다. 냉랭한 얼굴로 정원을 가로지르던 리사가 멈칫했다. 산수유나무 앞에 우두커니 서 있는 선재를 발견했기 때문이다. 멀리서 보기에도 나무는 살아날 기미조차 보이지 않았다. 며칠이 지났건만 미련하게도 아직 기대를 버리지 않는 선재를 보자 울컥 짜증이 솟구쳤다.

"내 말이 맞았지?"

리사의 차가운 목소리에 선재가 스윽 고개를 돌렸다. 나무의 절망적인 상태 때문인지 선재의 표정은 어두웠다. 나무 따위에 집착하는 선재의 모습에 리사는 더 짜증이 났다.

"한심한 녀석 같으니!"

리사가 툭 쏘아붙이고 돌아섰다. 며칠 전 저녁까지만 해도 친한 척 굴던 리사의 변덕이 황당할 만도 하건만, 선재는 박 기사가 문을 열어준 승용차 안으로 들어가는 리사의 모습을 무덤덤하게 지켜볼 뿐이었다.

교실에 도착해서도 리사는 기분이 좋지 않았다. 자신이 선재에게 신경 쓰고 있다는 사실에 화가 치밀었다. 지난 번 파티 이후 리사에게 호감을 갖게 된 반애들이 다가와 말을 걸었지만 손사래를 쳤다.

"미안하지만 혼자 있고 싶거든. 오늘 내 기분이 영 별로라서 말이야."

친구들을 쫓아낸 리사가 가방 안에서 양장본 표지의 두툼한 책을 꺼냈다. 리사는 '세기의 로맨스'라는 제목이 선명한 책의 두 번째 장 '케네디와 재클린' 부분을 펼쳤다. 건성으로 책장을 넘겼지만 집중은 되지 않았다.

윤지가 못마땅한 눈으로 리사의 도도한 얼굴을 쳐다보았다.

"강리사는 자기가 무슨 공주님이라도 되는 줄 아나봐."

옆자리의 아진이 피식 웃었다.

"강리사야 원래 자기가 세상에서 제일 잘난 줄 알지."

"언제 한번 콧대를 꺾어놔야 하는 거 아니야?"

"하지만 찬영이가 옆에 찰싹 들러붙어 있으니……."

마침 리사에게 다가가는 찬영의 모습을 발견하고 아진이 입술을 깨물었다.

찬영이 리사 옆에 서서 친근하게 웃었다.

"오늘 점심시간에 무슨 약속 있어?"

"아니."

"그럼 점심 먹고 나서 나랑 학교 뒷산에 올라가지 않을래? 그곳 경치가 제법이거든."

리사의 미간이 씰룩했다.

"찬영아."

"응?"

"방금 전에 내가 혼자 있고 싶다고 했던 거 못 들었니?"

장미와 자전거

"듣긴 들었지만……."

"너한테도 부탁 좀 하자."

"……!"

찬영이 놀란 눈으로 리사의 얼굴을 보았다. 반애들의 시선이 일제히 찬영에게 집중되었다. 진선중학교 최고의 꽃미남인 윤찬영이 강리사에게 보기 좋게 무시당한 것이다. 아진과 윤지를 비롯한 반애들은 곧 찬영이 리사의 콧대를 꺾어 놓으리라 기대했다. 그러나 찬영의 입에선 전혀 기대 밖의 말이 흘러나왔다.

"눈치 없이 굴어서 미안. 자리로 돌아가 있을 테니 혹시 필요하면 언제든 불러줘."

"응."

쾅!

아진이 더 이상 참지 못하고 주먹으로 책상을 내리쳤다.

"강리사…… 언젠가는 너를 전교생의 웃음거리로 만들어주겠어……!"

이때 교실 문이 열리며 선재가 들어왔다. 자신의 자리로 향하는 선재에게 아무도 관심을 갖지 않았다. 단 한 사람, 리사만은 빼놓고. 선재를 잡아먹을 듯 째려보는 리사를 보며 아진이 윤지에게 물었다.

"이선재가 강리사네 집사의 아들이라고 했지?"

"응."

"저 녀석을 괴롭히면 강리사는 어떤 반응을 보일까?"

윤지가 어깨를 으쓱했다.

"리사처럼 도도한 아이가 이선재 같은 녀석한테 신경이나 쓰겠어?"

"흐음, 과연 그럴까?"

아진이 가방에서 우유팩 하나를 꺼냈다. 팩에 빨대를 꽂아 쪽쪽 빨며 일어선 아진은 곧장 맨 뒷자리에 앉아 있는 선재에게로 향했다.

"꺄악!"

아진이 교실 중간쯤에서 갑자기 우유를 놓치더니 비명을 질렀다. 우유가 아진의 발밑으로 떨어져 그녀의 반짝반짝 빛나는 구두를 엉망진창으로 만들었다. 울상이 되어 선 아진을 반애들이 눈을 동그랗게 뜨고 쳐다보았다. 누군가 아진의 우유를 실수로라도 떨어뜨렸다면 대가를 치러야 할 것이다. 아니나 다를까, 아진이 히스테릭하게 소리를 질렀다.

"야, 박진수!"

"허억!"

왜소한 체구에 얼굴이 여드름으로 뒤덮인 진수가 소스라치게 놀라 외마디 비명을 질렀다.

"너 때문에 우유를 쏟았잖아!"

"나, 난 널 건드리지도 않았어."

아진이 진수에게 얼굴을 바싹 들이밀었다.

"그럼 방금 전에 내 팔을 친 건 누군데? 혹시 유령이니?"

"나, 난 진짜 아니라니까!"

"그럼 내가 거짓말을 하고 있다는 뜻이네?"

"그, 그런 게 아니라……."

"어디 네 짝꿍한테 물어보자."

아진이 진수의 짝인 남학생에게 시선을 옮겼다. 반애들의 시선이 집중되자 남학생은 잔뜩 겁을 집어먹었다. 독 오른 암고양이처럼 눈을 번뜩이고 있는 아진의 눈치를 슬금슬금 살피던 남학생이 고개를 푹 떨구었다.

"진수 네가 기지개를 켜다가 리사의 팔을 건드렸잖아."

"내, 내가 언제?"

황당한 표정을 짓는 진수를 향해 아진이 위협적으로 말했다.

"잘못을 인정하면 용서하겠지만 계속 발뺌하면 봐줄 수 없어."

"꿀꺽!"

아진의 눈빛에 질린 진수가 마른침을 삼켰다. 결국 진수는 하지도 않은 잘못에 대해 사과할 수밖에 없었다.

"미, 미안. 내 실수였어."

"진작 그럴 것이지."

코웃음을 치던 아진의 입꼬리가 슬쩍 올라갔다.

"그래서 어떻게 책임질 건데?"

"뭘?"

"남의 구두를 망쳐놓았으니 책임을 져야지."

진수의 얼굴이 울상으로 변했다.

"어떻게 책임지면 되는데?"

"네 손으로 직접 닦아줘."

아진이 얼룩진 구두를 슬쩍 들어 올리자 진수는 당황했다.

"왜, 싫어?"

"하, 하지만……."

"이 정도에서 끝낸다고 할 때 빨리 닦아주는 게 좋을 텐데?"

진수가 도움을 청하는 눈으로 주위를 둘러보았다. 하지만 반애들은 그 누구도 진수를 편들어주지 않았다. 절망한 진수가 리사의 구두를 닦으려고 허리를 굽히는 순간 누군가의 목소리가 들려왔다.

"진수야, 하지 마."

반애들의 시선이 단호한 얼굴로 진수를 향해 걸어오는 선재에게 집중되었다. 진수 옆에 버티고 서는 선재를 쳐다보며 리사가 고개를 갸웃했다.

"어라, 저 녀석이 화를 낼 때도 있네?"

짝꿍인 가빈이 코웃음을 쳤.

"진수는 선재의 유일한 친구거든. 뭐 끼리끼리라고나 할까? 선재 저 녀석, 평소엔 조용하다가도 진수가 괴롭힘을 당하면 앞뒤 안 가리고 나서더라고. 그래서 더욱 왕따를 당하는데도 말이야."

"후우……!"

괜스레 짜증이 치민 리사가 선재를 째려보며 한숨을 쉬었다.

한편, 선재는 아진의 싸늘한 눈빛을 덤덤히 받아내고 있었다. 선재가 엉거주춤 서 있는 진수를 힐끗 돌아보았다.

"진수야, 그만 자리에 앉아."

"고, 고마워."

"누가 앉으라고 했어?"

아진이 싸늘히 내뱉자 진수가 멈칫했다.

선재가 아진에게 설득조로 말했다.

"진수는 내버려두고 나와 얘기하자."

리사가 구두코를 까닥이며 비웃음을 흘렸다.

"그럼 네가 진수 대신 내 구두를 책임질 거야?"

"으음……."

잠시 망설이던 선재가 고개를 끄덕였다.

"좋아, 책임질게."

선재가 교복 뒷주머니에서 손수건을 꺼냈다. 그리고 한쪽 무릎을 꿇고 앉더니, 리사의 구두를 슥슥 문지르기 시작했다. 그런 선재를 바라보는 반애들의 눈이 휘둥그레졌다.

"선재 저 녀석, 정말 구두를 닦아주잖아?"

"저건 자존심도 없나?"

"역시 우리 반 왕따답다."

아진이 이쪽을 뚫어져라 보고 있는 리사를 힐끔거리며 부러 큰소리를 냈다.

"이선재, 구석구석 깨끗이 닦아!"

리사는 몸을 부들부들 떨며 아진과 선재를 노려보았다. 마치 자신이 아진의 앞에 무릎 꿇은 듯 분을 삭일 수가 없었다.

한참만에야 선재가 구두를 다 닦고 일어섰다.

"이제 됐지?"

"흐음……."

구두를 꼼꼼히 살피던 아진이 고개를 까닥였다.

"이 정도로 참아줄게."

"고마워."

돌아서려는 선재를 아진이 불러 세웠다.

"아직 안 끝났는데."

"뭐?"

"저것도 새로 사다줘야지."

아진이 바닥에 떨어져 있는 우유팩을 가리켰다. 선재가 멍하니 팩을 내려다보았고, 아진은 리사의 반응을 살폈다.

리사가 주문을 외우듯 중얼거렸다.

"하지 마, 이선재. 너도 남자라면 마지막 자존심만은 지키라고."

하지만 선재는 이번에도 리사의 바람을 저버렸다.

"지금 당장 사올게."

수업시간이 얼만 남지 않았는데도 선재는 교실을 후다닥 뛰어나갔다. 아진이 씨익 웃었다.

"참 신기해. 저 바보는 아무리 골탕 먹여도 질리지가 않는단 말씀이야."

"하하하!"

"깔깔!"

반애들이 재미있다는 듯이 웃어젖혔다. 리사는 그 소리가 꼭 자신을 비웃는 것만 같아 얼굴이 새파랗게 질렸다.

잠시 후, 얼굴이 땀투성이로 변한 선재가 돌아왔다. 선재가 아진에게 우유팩을 건네주며 헉헉거렸다.

"초, 초코우유 맞지?"

"고마워."

우유를 건네받은 아진의 표정이 다시 일그러졌다.

"뭐야 이거? 내가 먹던 우유랑 다른 상표잖아?"

"학교 매점에는 이 상표 밖에 없던데?"

"그럼 학교 밖으로 나가서 사왔어야지."

"……."

선재의 황당한 얼굴을 보며 아진이 히죽 웃었다.

"나는 딱 한 종류의 우유만 먹는다고 말하지 않았던가?"

선재도 이번만은 표정을 굳힌 채 아진의 얼굴을 지그시 보았다.

리사가 그런 선재를 보며 입술을 잘근잘근 깨물었다.

"하지 마…… 제발 더 이상 바보 짓은 하지 마……."

하지만 선재는 결국 체념한 듯 천천히 돌아섰다. 교실 전체가 쩌렁하게 울릴 정도의 고함소리가 울려 퍼진 것은 그때였다.

"이선재, 이 멍청아! 바보 같은 짓 계속할래?"

반애들의 시선이 자리를 박차고 일어선 리사에게 쏠렸다. 선재와 아진이는 물론 찬영이까지 눈을 동그랗게 뜨고 리사를 쳐다보았다. 리사 옆에 앉아 있던 가빈이 손바닥을 이마에 대며 한숨을 쉬었다.

"에휴, 일이 커지는군."

모두의 시선이 자신에게 집중되자 리사는 당황했다. 어쩌다보니 선재를 위해 나선 꼴이 되어버린 것이다. 흥미진진하게 눈을 빛내고 있는 아진이 보였다. 찬영까지도 의혹이 가득한 얼굴이었다.

'이게 아니야. 선재를 도울 생각은 눈곱만큼도 없었다고.'

마음속으로 변명하며 리사가 두 손으로 머리를 감싸 쥐었다. 이제는 리사 스스로도 뭐가 뭔지 알 수가 없는 지경이 되어버렸다. 당혹감과 분노 속에 부들부들 떨던 리사가 다시 소리쳤다.

"이선재, 이게 다 네 녀석 때문이야!"

후우웅――!

동시에 세기의 로맨스 책장이 파라락 넘어가며 눈부신 빛이 솟구쳤다. 놀라 책장을 내려다보는 리사의 얼굴을 환하게 물들인 빛이 사방으로 뻗쳐나가 리사를 주시하고 있던 반애들까지 집어삼켰다. 풍선처럼 부풀어 오른 빛이 순식간에 교실 전체를 가득 메웠다.

"또, 또 그 일이 반복되려는 건가……?"

떨리는 목소리로 중얼거리던 리사가 선재를 향해 팔을 뻗었다.

"선재야, 나 좀 구해줘!"

하지만 선재는 물론 반애들에게도 리사의 목소리가 들리지 않는 것 같았다. 리사는 어렴풋이나마 자신과 친구들 사이에 이미 눈에 보이지 않는 시간의 벽이 가로막혀 있음을 알아차렸다.

"가만, 그런데 내가 왜 선재 녀석에게 도움을 청하는 거지?"

최후의 순간까지 선재 때문에 혼란스러워하던 리사의 모습이 빛과 함께 홀연히 사라졌다. 책상 위에 놓여 있던 세기의 로맨스도 함께였다.

3 꽃미남 국회의원 케네디

"와아아아―!"

눈을 꼭 감고 있는 리사의 귀에 함성소리가 들려왔다. 방금 전까지 교실에 있었던 리사는 이 갑작스런 함성이 무슨 영문인지 알 수가 없었다. 겨드랑이 사이에 두툼한 책이 끼워져 있는 게 느껴졌다. 리사는 아마도 그것이 '세기의 로맨스'일 것이라고 짐작했다. 얼마 전 리사를 모차르트가 살고 있는 과거로 인도했던 책이 그녀를 또 엉뚱한 곳으로 끌고 와버린 것이리라.

"아……!"

천천히 눈을 뜨는 리사의 눈에 봄 햇살이 화사하게 내리쬐는 넓은 광장에 모여 성조기를 흔들며 함성을 질러대는 수많은 군중들의 모습이 들어왔다. 놀랍게도 대부분은 백인 아니면 흑인들이었다. 리사가 눈을 부릅뜨고 군중들 너머 거리를 바라보았다. 고풍스런 건물들이 질서정연하게 자리 잡은 도심을 각진 외관의 승용차들이 씽씽 질주하고 있었다. 건물 일 층의 카페테리아나 상점들에 걸린 간판도 모두 영어였다. 리사가 어리둥절한 얼굴로 중얼거렸다.

"혹시 내가 미국에 와 있는 건가?"

리사가 군중들이 외쳐대는 소리에 귀를 기울였다. 군중들은 한 사람의 이름을 부르짖고 있었다.

"존 F. 케네디를 상원으로!"

"존 F. 케네디를 상원으로!"

"존 F. 케네디를 상원으로!"

리사의 눈이 휘둥그레졌다. 군중들이 외쳐대는 것은 리사도 알고 있는 이름이었다.

"존 F. 케네디면 미국의 35대 대통령이 되는 그 케네디를 말하는 건가?"

골똘히 생각에 잠겨 있던 리사가 옆구리에 끼고 있던 세기의 로맨스를 펼쳤다. 자신이 읽고 있던 두 번째 장의 주인공이 '케네디와 재클린'이라는 기억을 떠올렸기 때문이다. 그런데 신기하게도 방금 전까지 읽고 있었던 책장이 깨끗이 지워져 백지가 되어 있었다.

"책장에 적혀 있던 글씨가 어디로 사라져버렸지?"

황당한 표정을 짓고 있는 리사의 어깨를 누군가 툭툭 두드렸다. 빙글 돌아서던 리사의 입에서 짧은 비명이 터져 나왔다.

"꺄악! 다, 당신은?"

리사 앞에 빙그레 웃으며 서 있는 사람은 바로 케네디였다. 사진에서 보아오던 것보다 훨씬 핸섬한 꽃미남 청년 케네디가 리사를 빤히 보고 있었다.

"꼬마 아가씨, 이름이 뭐지?"

"리, 리사인데요."

"좋아, 리사. 그런데 지금 뭐하고 있는 거야?"

"저도 잘 모르겠어요. 내가 왜 여기에 있고 무엇을 해야 하는지도요."

"호오……."

케네디가 짐짓 걱정스러운 듯 리사를 향해 손을 뻗었다. 리사는 그가 자신의 뺨을 쓰다듬을 줄 알고 수줍은 고양이 같은 표정을 지었다. 하지만 케네디의 손은 그녀의 볼을 꼬집었다.

"아야야!"

케네디가 리사의 볼을 앞뒤로 흔들며 말했다.

"여기에 왜 와 있고, 무엇을 해야 할지 모르겠다고? 그렇다면 내가 알려주지. 너는 브룩클린 중학교의 학생대표로 나에 대한 지지 연설을 해주기 위해 와 있는 거란다."

"예에?"

그제야 리사의 눈에 의자에 얌전하게 앉아 있는, 교복 차림의 학생들의 모습이 들어왔다. 리사가 케네디의 손등을 탁탁 치며 사정했다.

"알았으니까 이것 좀 놓고 얘기해요."

케네디가 볼을 놓아주며 리사의 귀에 대고 속삭였다.

"제대로 못 하면 혼날 줄 알아."

"씨이, 알았다구요."

케네디가 리사의 어깨에 손을 얹으며 군중들을 향해 돌아섰다.

"여러분, 브룩클린 중학교의 학생대표 리사 양을 소개합니다. 리사 양이 제가 얼마나 매력적인 정치인인지 여러분께 알려드리겠다고 하는군요."

"하하하!"

케네디의 농담에 군중들이 유쾌하게 웃었다. 하지만 리사는 웃을 수가 없었다. 수백, 수천 개의 눈동자가 자신을 빤히 쳐다보고 있었기 때문이다. 리사는 대체 무슨 말을 해야 할지 알 수가 없었다. 케네디에 대해 알고 있는 것이라곤 그가 미국의 대통령이 될 것이란 사실뿐이었다. 우물쭈물하는 리사를 향해 케네디가 나직이 재촉했다.

"리사, 뭐해? 빨리 연설을 시작해야지."

당황한 리사가 케네디를 가리키며 무작정 외쳤다.

"여러분, 미국의 대통령 존 피츠제럴드 케네디를 소개합니다!"

"……!"

동시에 소란스럽던 군중들이 찬물을 뒤집어쓴 듯 고요해졌다. 케네디도 입을 쩍 벌린 채 리사를 보았다. 리사가 머리를 긁적이며 어색하게 웃었다.

"내, 내가 실수한 건가요?"

잠잠하던 군중들 사이에서 엄청난 함성이 터져 나온 것은 그때였다.

"케네디를 대통령으로!"

"케네디를 백악관으로!"

리사가 당황스런 눈으로 열광하는 군중들을 보았다. 누군가 그녀의 어깨에 손을 얹었다. 흠칫 돌아보니 케네디가 옆에 서 있었다.

"고맙다, 리사."

"뭐가요?"

"정말이지 멋진 연설을 해주었어."

"아……!"

리사는 그제야 알아차릴 수 있었다. 지금은 케네디가 아직 대통령이 되기 전이라는 사실을. 리사가 흥분한 군중들을 가리키며 물었다.

"그런데 저 많은 사람들이 왜 여기 모여 있는 거죠?"

"설마 그걸 몰라서 묻는 거야? 매사추세츠주 하원의원으로서 상원의원 선거에 출마한 나를 지지하는 시민들이잖니."

"아하!"

고개를 주억이는 리사의 얼굴을 들여다보며 케네디가 근사하게 미소 지었다.

"그런데 너는 보스턴에선 보기 힘든 동양인이구나? 새카만 눈동자가 정말 매력적인걸."

"꿀꺽!"

리사는 저도 모르게 마른침을 삼켰다. 청년 케네디의 미소는 그만큼 매력적이었다. 어떤 여자라도 그의 미소 앞에서는 마음이 설렐 수밖에 없으리라.

"잠시 후 웨스턴 호텔에서 후원회 파티가 있어. 너도 참석해주지 않을래?"

리사가 정신없이 고개를 주억였다.

"기꺼이 참석할게요."

4
로맨틱 사진사

그날 저녁, 웨스턴 호텔에서 성대한 파티가 열렸다. 젊고 핸섬한 정치인 케네디를 지지하는 수많은 민주당 지지자들이 호텔로 몰려들었다. 하루 종일 보스턴 시내를 떠돌던 리사도 주린 배를 부여잡고 호텔로 향했다. 로비로 들어서려는 리사의 앞을 검은 정장을 입은 경호원들이 막아섰다.

"꼬마야, 초대장은 갖고 있니?"

"아뇨, 그런 거 없는데요. 하지만 오늘 케네디 의원에게 초대를 받고 온 거예요."

우락부락하게 생긴 경호원이 헛웃음을 지었다.

"그렇게 얘기하고 연회장에 들어가려고 한 아가씨가 너까지 포함해서 꼭 백 명 째야. 케네디 의원님의 인기는 프랭크 시나트라를 능가

하거든."

"나는 진짜 초대받았다니까요!"

억울한 리사가 빽 소리쳤지만 경호원은 손사래만 쳤다. 자존심이 상한 리사가 씩씩대고 있는데 누군가 어깨에 팔을 척 둘렀다. 놀라 돌아보는 리사의 눈에 늘씬한 다리에 착 붙는 청바지를 입고 트렌치코트를 멋지게 걸친 생기발랄한 아가씨가 보였다.

"뭐, 뭐하는 거야?"

빠져나가려는 리사의 어깨를 끌어당기며 아가씨가 경호원들을 향해 한쪽 눈을 찡긋했다.

"안녕하세요, 제임스?"

"오, 재클린 양. 오랜만입니다."

경호원도 이전부터 아가씨를 알고 있었는지 반가운 척을 했다. 아가씨가 리사의 어깨에 팔을 두른 채 빙그레 미소 지었다.

"제 일행이에요. 함께 들어가도 상관없겠죠?"

"물론입니다. 재클린 양은 언제든 통과시키라는 의원님의 분부가 계셨습니다."

경호원들이 순순히 길을 터주자 아가씨가 리사를 데리고 들어갔다. 후원자들로 북적이는 로비 한복판에서 아가씨가 리사의 어깨에 둘렀던 팔을 풀어주었다. 아가씨가 살짝 토라진 리사를 향해 싱긋 웃으며 손을 내밀었다.

"난 재클린이야. 꼬마 아가씨는 이름이 뭐지?"

"누구한테 꼬마라는 거야!"

"!"

리사가 발끈하자 재클린이 멈칫했다. 리사의 화난 얼굴을 가만히 보던 재클린이 선뜻 사과했다.

"꼬마라는 말은 취소할게. 아가씨의 이름을 물어봐도 실례가 되지 않을까?"

리사가 퉁명스럽게 대답했다.

"내 이름은 리사야. 케네디 의원의 초대를 받고 왔지."

"호오, 존에게 너처럼 귀여운 친구가 있는 줄을 몰랐는걸?"

"흥! 케네디 의원과 엄청 친한 듯 이야기하네. 당신이 그의 여자친구라도 되는 거야?"

코웃음을 치는 리사의 얼굴을 보며 머리를 긁적이던 재클린이 쑥스러워 하며 대답했다.

"나는 타임 헤럴드 신문사의 사진기자로 케네디 의원을 담당하고 있어. 그의 여자친구는 아니지만 알고 지낸 지 꽤 되었으니 제법 절친한 사이라고 할 수 있지."

"흐음……."

리사가 눈을 가늘게 뜨고 재클린을 뚫어져라 쳐다보았다. 케네디에 대해 말할 때 재클린의 눈이 특별한 빛을 띠는 것을 발견했기 때문이다.

'흐음…… 이 아가씨 케네디 의원에게 관심을 가지고 있는 게 분명해.'

골똘히 생각하는 리사의 팔을 재클린이 끌어당겼다.

"이럴 게 아니라 일단 옷부터 갈아입자. 지금 차림으론 우리 둘 다 연회장에 들어가지도 못해."

"어딜 가는 거야?"

재클린이 리사를 데려간 곳은 의상실이었다. 입구를 지키는 호텔 여직원도 재클린을 알아보고 흔쾌히 들여보내주었다.

의상실로 들어간 리사와 재클린은 화려한 연회에 어울리는 드레스로 갈아입었다. 제클린은 잘록한 허리가 강조된 우아한 롱드레스, 리사는 예쁜 다리가 드러난 깜찍한 숏드레스였다.

재클린이 리사를 위아래로 훑으며 감탄사를 발했다.

"와우, 리사 너 정말 예뻐!"

"쳇, 보는 눈은 있어가지고!"

리사의 도도한 태도에 기분 나쁠 만도 하건만 재클린은 싱글벙글 웃으며 리사의 팔짱을 끼었다.

"이제 파티장으로 가보실까요, 아가씨?"

널찍한 홀 안에선 재즈밴드가 연주하는 경쾌한 음악이 울려 퍼졌다. 젊은이들은 젊은이들끼리 음악에 맞춰 신 나게 춤을 추었고, 나이 지긋한 사람들은 뷔페 테이블 주위에서 샴페인을 마시며 대화를 나누었다.

재클린과 리사가 들어서자 남자들의 시선이 일제히 집중되었다. 그만큼 리사와 재클린은 눈이 부셨다. 미간을 찌푸린 채 선 리사의 옆구리를 재클린이 쿡 찔렀다.

"리사, 너 꼭 화난 사람처럼 보여."

"배가 너무 고파서 그래."

"진작 얘기하지. 실컷 먹게 해줄 테니까 따라와."

재클린이 리사를 미트볼, 피자, 케이크, 쿠키, 온갖 과일 등이 깔려 있는 테이블로 인도했다. 리사는 평소 엄격한 엄마로부터 식사 예절에 대해 교육받았지만 지금은 예절을 따질 겨를이 없었다. 리사가 음식을 향해 맹수처럼 달려들었다.

"음음……! 이 미트볼 너무 부드러운 것 같아. 이 케이크는 입에 넣자마자 살살 녹는걸. 맙소사……! 이 맛있는 피자는 도대체 누가 만들었을까?"

무서운 기세로 음식을 먹어치우는 리사를 손님들이 질린 듯이 지켜보았다. 이때 파티장 입구에서 함성이 터져 나왔다.

"와아아!"

드디어 주인공인 케네디 의원이 등장한 것이다. 젊은 아가씨들이 중심이 되어 입구 쪽으로 우우 몰려갔다. 스파게티 접시를 들고 맛있게 먹고 있던 리사도 휩쓸려갔다.

"어어…… 조심해요!"

스파게티를 쏟지 않으려고 팔을 쳐들고 있던 리사가 사람들에게 떠밀며 앞쪽으로 튕겨나갔다. 균형을 잃고 휘청거리는 리사의 눈에 눈처럼 흰 턱시도를 입은 케네디의 모습이 닥쳐들었다. 스탭이 꼬인 리사가 하필이면 케네디 쪽으로 쓰러졌다.

철푸덕!

"으앗!"

"꺄아악!"

리사가 케네디의 얼굴에 스타게티 접시를 처박는 순간, 손님들 사이에서 비명이 터져 나왔다.

땡강!

무릎 꿇고 앉은 리사의 앞에 접시가 떨어졌다. 천천히 고개를 들던 리사의 입에서 신음이 새어나왔다.

"허억!"

케네디의 얼굴에서 퉁퉁 불어터진 스파게티 면발이 주르륵 흘러내리고 있었다. 붉은 소스로 얼룩진 그의 얼굴은 꼭 커다란 핫케이크처럼 보이기도 했다. 그 모습이 너무 우스꽝스러워 리사는 웃음을 참을 수가 없었다.

"하하!"

케네디가 리사를 사납게 째려보았다.

"웃음이 나온단 말이지?"

"미안해요. 하지만 지금 당신의 얼굴은 정말이지……."

리사가 아예 고개를 젖히고 큰웃음을 터뜨렸다.

"푸하하하!"

어깨를 들썩이며 웃는 리사를 케네디와 손님들이 황당한 듯 보았다. 리사는 당장 웃음을 그치고 싶었다. 그러나 한번 터진 웃음보는 좀처럼 수습이 되지 않았다.

파앗!

순간 카메라 플래시가 번쩍했다. 리사와 케네디가 고개를 돌려 카메라를 들고 있는 재클린을 보았다. 리사가 박차고 일어서며 항의했다.

"재클린, 뭐하는 거야?"

손수건으로 얼굴을 대충 닦은 케네디가 한쪽 무릎을 살짝 꿇으며 리사에게 손을 내민 것은 그때였다.

"뭐, 뭐예요?"

"기왕 이렇게 된 거 한 곡 추실까요, 아가씨."

"하지만……."

"우리가 더 근사한 장면을 연출하지 않으면 짓궂은 저 아가씨가 스파게티를 뒤집어쓴 나의 꼴사나운 모습을 틀림없이 특종으로 내보낼 거야. 그러니까 나한테 조금이라도 미안한 감정이 있다면 거절하지 말았으면 좋겠어."

"아, 알았어요."

케네디에게 진심으로 미안했으므로 리사는 그가 내민 손을 잡을 수밖에 없었다. 동시에 끊겼던 음악이 다시 흐르기 시작했다. 손을 잡은 채 마주 선 리사와 케네디가 서로를 확 끌어당겼다가 떨어지며 스윙댄스를 추기 시작했다. 매사추세츠주 사교계에서 유명한 인기남 케네디는 물론 스페인에서 부모님을 따라 온갖 사교모임에 참석했던 리사의 춤 솜씨도 훌륭했다. 손님들은 곧 스파게티 습격 사건을 까맣게 잊은 채 빠른 박자에 맞춰 발을 구르다 빙글빙글 회전하는 남녀를 넋을 놓고 바라보았다.

 짝! 짝! 짝! 짝!

 언제부터인가 손님들이 춤에 맞춰 박수를 치기 시작했다. 춤이 빨라질수록 박수 소리도 높아졌다. 이마에 땀방울이 송글송글 맺힌 줄도 모르고 춤추는 케네디와 리사의 주변을 돌며 재클린이 부지런히 카메라 셔터를 눌러댔다.

 "존, 지금 표정 좋아요!"

 "리사, 조금 더 미소를 보여줘!"

 마침내 케네디와 리사가 춤을 멈추고 팔을 활짝 벌리는 순간, 파티장을 가득 메운 손님들 사이에서 환호성이 터져 나왔다.

 "브라보!"

 "최고다!"

 케네디가 리사를 돌아보며 빙긋 웃었다. 리사도 그를 향해 웃어주었다.

 "두 사람 다 지금 얼굴 매우 좋아요!"

 마지막으로 카메라 셔터를 누르는 재클린을 보며 케네디가 물었다.

 "리사라고 했던가? 재클린과는 어떻게 아는 사이야?"

 "오늘 처음 만난 사이예요."

 "그래?"

로맨틱 사진사

재클린이 리사의 어깨에 손을 얹으며 케네디를 향해 씨익 웃었다. 참 매력적인 미소였다.

"짧은 시간이었지만 우린 친구가 되었답니다."

"누가 누구의 친구라는 거야?"

리사가 손을 탁 쳐내자 재클린이 울상을 지었다.

"리사, 네가 그렇게 말하면 이 언니 진짜 섭섭하다."

"당신이 왜 내 언니인데?"

재클린이 리사에게 얼굴을 바싹 들이밀었다.

"나는 올해로 스물두 살이거든. 리사 너는 몇 살인데? 열넷? 혹은 열다섯?"

"노코멘트!"

리사가 고개를 휙 돌려버리자 케네디가 너털웃음을 터뜨렸다.

"하하! 재클린이 리사한테 언니 대접 받기는 쉽지 않겠는걸."

"후우…… 그러게나 말이에요."

재클린이 갑자기 정색하며 케네디에게 물었다.

"존, 오늘 밤 혹시 단독 인터뷰가 가능할까요?"

"흐음……."

턱을 매만지며 잠시 고민하던 케네디가 고개를 끄덕였다.

"오늘 밤 당신과 리사를 집으로 초대하겠소. 함께 저녁이라도 들면서 인터뷰합시다."

"드디어 그 유명한 케네디가에 가게 되는 건가요? 정말 영광이에요."

너무 좋아하며 손뼉을 마주치는 재클린을 리사가 흘겨보았다.

'으이그…… 부끄러운 줄도 모르고 저렇게 노골적으로 좋아하는 티를 내다니.'

리사의 시선이 이번엔 희미한 미소를 머금고 있는 케네디의 얼굴로 향했다.

'쳇! 존도 재클린에게 아주 관심이 없지는 않은 모양이네.'

파티가 끝나자마자 케네디는 서둘러 호텔을 빠져나갔다. 밖에서 대기 중이던 검은색 승용차가 그의 앞에 미끄러지듯 정지했다. 케네디가 재빨리 뒷문을 열어주며 나란히 서 있는 리사와 재클린을 향해 외쳤다.

"빨리 타요, 아가씨들!"

"고마워요."

리사와 재클린이 서둘러 뒷좌석으로 들어갔다. 케네디까지 조수석에 타자 차는 빠르게 출발했다. 차를 따라오며 창문을 두드려대는 아가씨들을 리사와 재클린은 느긋하게 쳐다보았다.

한 시간 정도 달린 차는 불야성을 이룬 도심을 벗어나 고급 저택들이 즐비한 주택가에 도착했다. 주택가 끝자락에 유난히 크고 웅장한 저택이 자리 잡고 있었는데 바로 매사추세츠주 최고의 명문이라 할 수 있는 케네디가였다.

끼익!

차가 저택 현관 앞에 정지하자 은발의 집사가 달려 나왔다. 집사가 차문을 열어주자 케네디와 리사, 재클린이 차례로 내렸다.

"어서 오십시오, 존 도련님."

정중히 허리를 숙이는 집사에게 케네디가 반가운 척을 했다.

"오, 집사. 아버지와 어머니는 안에 계시지?"

"예, 초저녁부터 작은 도련님을 기다리고 계십니다."

"그렇군."

집사가 리사와 재클린을 힐끗 보았다.

"이 아름다운 아가씨들은 누구십니까?"

"선거를 도와주고 있는 친구들이오."

리사와 재클린의 모습을 찬찬히 살피던 집사가 두 아가씨에게 환영한다고 말하고는 현관을 향해 돌아섰다.

"안내하겠습니다."

저택의 일 층 홀 안으로 들어서는 리사의 표정이 변했다. 리사도 대단한 저택에서 살고 있었지만 케네디가와는 비교할 바가 못 되었다. 집안 전체에 남다른 기품이 흐르고 있다고나 할까? 고급스러운 취향이 느껴지는 가구들은 모두 적절한 위치에 있었고, 은은한 조명 아래서 가구와 벽지와 대리석 바닥이 완벽한 조화를 이루며 방문객의 마음을 사로잡았다.

"흐음, 집을 꽤 잘 꾸민 것 같네."

널찍한 거실을 가로지른 세 사람이 집사의 안내를 받으며 주방으로 들어갔다. 주방의 기다란 식탁에는 이미 메이드들의 시중을 받으며 완고한 인상의 중년 신사와 온화한 느낌의 중년 부인 그리고 케네디보다 서너 살 어려 보이는 청년이 앉아 있었다. 케네디를 발견한 청년이 박차고 일어섰다.

"존 형!"

신사와 부인도 반갑게 인사했다.

"어서 오거라, 존."

"우리는 오늘도 네가 못 오는 줄 알았단다."

케네디가 식탁 옆으로 다가가 신사와는 악수하고 부인의 볼에는 입을 맞추었다.

"아무리 바빠도 설마 가족과의 약속을 잊겠어요?"

신사와 부인이 궁금한 얼굴로 리사와 재클린을 쳐다보았다. 케네디가 가족들에게 두 사람을 소개했다.

"이쪽은 오늘 유세장에서 지지 연설을 훌륭하게 해준 브룩클린 중학교의 학생대표 리사 양 그리고 이쪽은 저를 취재 중인 타임 헤럴드의 신문기자 재클린 양이에요."

"반가워요, 리사 양."

"재클린 양도 반가워요."

케네디가 이번엔 자신의 가족을 소개했다.

"이쪽은 나의 아버지인 조지프 패트릭 케네디 씨, 이쪽은 어머니인 로즈 피츠제럴드 케네디 여사 그리고 마지막으로 동생인 로버트 프랜시스 케네디요."

"반갑습니다."

케네디가 리사와 재클린을 위해 손수 의자를 빼주었다.

"나를 위해 애써준 두 사람을 가족들과의 식사자리에 초대하고 싶었어요."

로즈 여사가 리사와 재클린에게 친근한 미소를 지으며 말했다.

"정말 잘 생각했다, 존. 엄마는 너의 이런 사려 깊은 행동을 좋아한단다."

조지프 씨도 한 마디 거들었다.

"부디 마음껏 즐겨주시오, 레이디들."

메이드들이 리사와 재클린 앞에 두툼한 스테이크와 샐러드를 놓아주었다. 모양과 향이 모두 고급스러운 음식들이었다. 리사는 웨스턴 호텔에서 이미 충분히 배를 채웠지만 잘 구워진 스테이크 냄새에 취해 다시 포크와 나이프를 들었다. 리사가 막 고기를 썰려는 순간, 조지프 씨가 양손을 모아 쥐며 눈을 감았다.

"하늘에 계신 아버지, 오늘도 저희에게 일용할 양식을 내려 주옵시고……."

리사도 서둘러 포크와 나이프를 내려놓고 손을 모았다. 고개를 숙인 채 리사는 실눈을 뜨고 경건하게 기도 중인 조지프 씨와 로즈 여사, 케네디와 로버트를 훔쳐보았다. 재클린도 제법 진지한 얼굴이었다. 하지만 리사는 그녀가 케네디의 얼굴을 힐끔힐끔 쳐다보는 것을 놓치지 않았다.

조지프 씨의 기도는 솔직히 살짝 지루했다. 그는 가족의 건강과 케네디의 승리는 물론 리사와 재클린의 행운까지 빌어주고 나서야 기도를 마쳤다.

"아멘······!"

마지막으로 가슴에 성호를 긋는 가족들을 보며 리사는 케네디가의 사람들이 독실한 천주교 신자임을 알아차렸다. 흐뭇한 눈빛으로 가족들과 손님들을 둘러보던 조지프 씨가 포크와 나이프를 들었다.

"이제 먹읍시다."

모두 부지런히 칼질을 시작했다. 재클린도 맛있게 먹으며 조지프 씨를 향해 물었다.

"조지프 씨는 루즈벨트 대통령 밑에서 영국 대사로 활동한 적이 있으시죠?"

"호오, 그런 것까지 조사하셨소?"

"제가 이래봬도 케네디 의원의 담당 기자잖아요. 가족사 정도는 훤히 꿰고 있어야죠."

쾌활한 재클린이 조지프 씨도 마음에 드는 눈치였다. 무뚝뚝한 그도 말이 많아졌다.

"나는 루즈벨트 대통령의 오랜 후원자이자 정치적 동지였소. 우리는 절친한 친구처럼 지내왔지."

"그렇군요."

고개를 끄덕이던 재클린이 다시 물었다.

"그런데 자제분들이 더 있지 않으시던가요?"

"맞소, 나와 로즈는 모두 아홉 명의 자식을 낳았소. 애석하게도 첫째는 2차 대전 중에 전사했고, 지금은 모두 여덟 명의 자식이 남아 있다오."

"으음……."

형의 이야기가 나오자 케네디의 안색이 어두워졌다. 로즈 여사와 로버트도 왠지 우울해하는 것 같았다. 가족들의 변화를 눈치 못 챘는지 조지프 씨는 회상에 잠긴 얼굴로 말을 이었다.

"나는 장남 패트릭에게 나의 이름을 물려주었소. 녀석이 나를 가장 빼닮았기 때문이오. 녀석은 어려서부터 탁월한 재능을 보였소. 성적은 최고였고, 리더십이 탁월했으며, 미인들을 독차지했지."

조지프 씨의 목소리는 점점 고조되었고, 그럴수록 케네디의 안색은 굳어졌다. 리사는 서로를 향해 달려가는 두 대의 기관차를 지켜보고 있는 듯 불안했다.

"당연히 나는 패트릭에게 모든 기대를 걸었소. 녀석이야말로 내가 이루지 못한 꿈을 이루어 내리라 믿었지. 미국을 세계 초강대국으로 키운 루즈벨트에 버금가는 대통령이 되기를 소망했는데…… 그런데 녀석이 전쟁터에서 전사해버릴 줄이야……."

로즈 여사가 조지프 씨의 팔을 지그시 잡았다.

"여보, 손님들이 걱정하겠어요."

"이런, 내가 또 주책을 부렸군."

재클린이 재빨리 말했다.

"아닙니다. 저희는 괜찮습니다."

조지프 씨가 입맛이 떨어졌는지 냅킨으로 입가를 훔치고 있는 케네디를 가리켰다.

"하지만 우리에겐 존이 있소. 존이 제 형이 이루지 못한 꿈을 위해 달려가고 있다오. 나는 존이 형을 대신해서 언젠가는 이 나라의 대통령이 되리라고……."

쾅!

케네디가 주먹으로 식탁을 내리쳤다. 모든 사람의 놀란 시선이 주먹을 부들부들 떨고 있는 케네디에게로 쏠렸다. 그가 낮게 깔리는 소리로 말했다.

"저는 죽은 형을 대신해서 살아가고 있는 게 아닙니다."

조지프 씨의 미간도 일그러졌다.

"누가 네 형의 인생을 대신 살라고 했니? 나는 다만 네가 형의 뜻을 이어받았으면 좋겠다고 생각했을 뿐이다."

"그게 그 말이잖아요!"

"존, 아비한테 무슨 말버릇이냐?"

"아버지!"

듣기 싫다는 듯 조지프 씨가 박차고 일어서자 케네디가 입을 다물었다. 한동안 아들의 얼굴을 쏘아보던 조지프 씨가 찬바람을 일으키며 주방을 빠져나갔다. 어색한 침묵 속에서 리사와 재클린은 케네디의 눈치만 살폈다.

로즈 여사가 두 사람을 향해 억지로 웃었다.

"우리가 손님들을 초대해놓고 추태를 부렸군요."

재클린이 손사래를 쳤다.

"저희는 아무렇지도 않아요. 부디 신경 쓰지 마세요."

"재클린, 고마워요. 존, 두 분을 침실로 안내하렴."

"알겠어요."

케네디가 표정을 풀지 않은 채 일어섰다. 리사와 재클린이 쭈뼛거리며 따라 나갔다. 복도를 걸어가던 케네디가 우뚝 걸음을 멈추고 리사를 돌아보았다.

"그런데 리사는 부모님께 연락부터 드려야 하지 않니?"

"아, 아뇨. 괜찮아요."

"너는 아직 중학생이야. 미리 연락드리지 않으면 걱정하실 거야."

"실은 부모님이 멀리 여행을 떠나셨어요. 지금 전화해봤자 집에 아무도 없어요."

케네디가 의심스런 표정으로 물었다.

"그게 정말이니?"

"내가 왜 거짓말을 하겠어요?"

"으음……."

망설이는 케네디를 향해 재클린이 리사의 편을 들었다.

"당신도 보아서 알겠지만 리사는 괜한 거짓말을 할 아이가 아니에요. 일단 믿어보기로 해요."

케네디가 고개를 끄덕이며 몸을 돌려세웠다.

"재클린의 말대로 합시다."

5 명문가의 그림자

　케네디가 리사와 재클린을 안내한 곳은 욕실까지 딸려 있는 널찍한 침실이었다.
　"오늘 밤은 이곳에서 쉬도록 해요. 바로 옆이 내 방이니 부탁할 게 있으면 언제든 노크하고요."
　"예, 친절에 감사드려요."
　재클린이 아까와는 달리 얌전하게 대답했다. 방문을 열고 나가려던 케네디가 두 사람을 향해 돌아서서 쑥스러운 듯이 말했다.
　"좀 전의 일은 미안해요. 사과할게요."
　"우린 괜찮으니 신경 쓰지 말아요."
　"그럼 잘들 쉬어요."
　케네디가 나가자마자 리사가 재클린을 째려보았다.

"왜 그래?"

"내가 뭘?"

"존 앞에서 요조숙녀처럼 굴고 있잖아."

"나야 원래 요조숙녀지."

침대에 벌러덩 드러눕는 재클린을 리사가 황당한 듯 쳐다보았다.

"으응……."

피곤해서 일찍 잠자리에 들었던 리사는 부스럭거리는 소리에 눈을 떴다. 벽에 걸린 시계가 자정을 가리키고 있었다. 대체 이 시간에 왜 자지 않고 뒤척이나 싶어 돌아보던 리사는 깜짝 놀랐다. 처음 만났을 때처럼 청바지와 트렌치코트를 입은 재클린이 카메라까지 챙겨들고 막 문가를 향해 가고 있었기 때문이다.

"재클린, 한밤중에 어딜 가는 거야?"

"쉬잇!"

"으읍!"

재클린이 후다닥 달려와 리사의 입을 틀어막았다. 그리고 귓가에 대고 속삭였다.

"실은 나는 케네디 의원의 비밀을 잠입 취재하기 위해서 왔어."

"잠입 취재라니?"

"젊고 핸섬한 케네디 의원의 인기는 정말 대단해. 여성들만 투표한다면 내일이라도 당장 대통령에 당선될 수 있다는 소문까지 떠돌고 있지. 그런데 얼마 전 경쟁자인 공화당 후보 측으로부터 제보가 들어왔어."

"어떤 제보?"

잠시 뜸을 들이던 재클린이 눈을 반짝였다.

"케네디 의원이 실은 지난해에 이미 결혼해서 집안에 신부를 숨겨두고 있다는 거야."

"뭐라고……?"

황당한 눈으로 재클린을 보던 리사가 이해할 수 없다는 듯이 물었다.

"하지만 재클린은 존을 좋아하고 있잖아? 그런데 그에게 불리한 기사를 쓰겠다는 거야?"

재클린이 정색하며 답했다.

"나는 기자야. 개인 감정을 떠나 진실을 알릴 필요가 있다고."

"으음……."

자신이 생각했던 것보다 재클린이 괜찮은 여자 같다고 생각하며 리사는 고개를 주억였다. 리사를 남겨두고 재클린이 도둑고양이처럼 살금살금 방문을 향해 걸어갔다.

"나 혼자 다녀올 테니까 리사는 기다리고 있어."

막 방문을 열고 나가려는 재클린의 팔을 리사가 붙잡았다.

"나도 갈래."

"어린애가 나설 일이 아니야."

"지금 내가 소리를 지르면 어떻게 될까?"

리사의 당돌한 얼굴을 들여다보던 재클린이 손가락을 입술에 댔다.

"대신 입도 벙긋해선 안 돼."

"알았어."

재클린과 리사가 발소리를 죽인 채 복도로 나왔다.

덜컹!

"!"

이때 바로 옆 방문이 열렸다. 소스라치게 놀란 두 사람이 방안으로 몸을 숨기자마자 케네디가 나왔다. 헐렁한 면바지와 편안한 셔츠 차림의 그가 위 층으로 통하는 계단을 밟고 올라가는 뒷모습을 리사와 재클린이 훔쳐보았다.

"어딜 가는 거지?"

"숨겨둔 신부를 만나러 가는 것이겠지."

"설마……!"

"일단 따라가 보자."

재클린과 리사가 발뒤꿈치를 들고 계단을 올라갔다. 어둑한 복도를 지나는 케네디의 움직임이 하도 은밀해서 리사도 점점 그가 무언가 숨기고 있는 것은 아닌지 의심되기 시작했다.

저택의 삼 층은 기다란 복도식이었다. 어둡고 을씨년스런 복도를 케네디는 숨소리마저 낮춘 채 걸어갔다. 그가 마침내 복도 끝 방문 앞에 우뚝 멈춰 섰다. 희미한 불빛이 새어나오는 방문 앞에서 한동안 망설이던 그가 천천히 문고리를 돌렸다. 방안으로 들어가는 케네디

의 뒷모습을 리사와 재클린이 손바닥으로 입을 틀어막은 채 지켜보았다.

"집안에 신부를 숨겨두고 있다는 말이 사실이었어."

재클린이 손바닥을 치우며 질린 듯 중얼거렸다. 리사가 입술을 질끈 깨물며 빠르게 걸음을 옮겼다.

"내 눈으로 직접 확인하기 전까진 못 믿겠어."

"리사, 같이 가."

리사와 재클린이 방문 앞에 도착했다. 두 사람이 긴장된 눈으로 서로의 얼굴을 보았다. 순간 안쪽에서 신경질적인 여자의 목소리가 들려왔다.

"왜 이제야 온 거야? 하루 종일 얼마나 기다렸는지 알아?"

"정말 미안해. 내가 사과할게."

여자에게 사정하는 듯한 케네디의 목소리를 확인한 리사가 분통을 터뜨리며 방문을 열어젖혔다.

"재클린의 말이 사실이었을 줄이야!"

"리사, 기다려!"

재클린이 리사를 말리려고 했지만 이미 늦었다. 방안에서 잠옷 차림의 웬 젊은 여자를 안고 있는 케네디를 가리키며 리사가 빽 소리쳤다.

"존, 이 비열한 남자 같으니!"

파팟!

황당한 듯 돌아보는 케네디와 여자를 향해 재클린이 연이어 카메라

플래시를 터뜨렸다.

"무, 무서워."

여자가 겁에 질린 듯 케네디의 가슴에 얼굴을 파묻었다. 그녀를 감싸 안으며 케네디가 화를 냈다.

"무슨 짓들이야? 당장 멈추지 못해!"

리사도 지지 않고 받아쳤다.

"당신이야말로 뭐하는 짓이에요? 국회의원이란 사람이 아내를 숨겨두고 총각 행세를 하다니요!"

"무슨 헛소리야?"

"그 여자는 당신 부인이잖아요!"

"하하……!"

기가 막힌 듯 실소하는 케네디를 향해 재클린이 말했다.

"미안하지만 내일 타임 헤럴드 일면에 케네디 의원의 사기극에 관한 기사가 실릴 거예요."

리사와 재클린의 얼굴을 물끄러미 바라보던 케네디의 입가에 자조 섞인 미소가 떠올랐다.

"재클린 당신까지 나를 오해할 줄은 몰랐군. 이 아이의 이름은 로즈마리 케네디. 정신지체를 앓고 있는 나의 여동생이오."

"여동생이라구요……?"

리사와 재클린이 동시에 입을 쩍 벌렸다.

"그, 그게 사실이에요?"

"정 못 믿겠으면 부모님을 깨워 물어보지. 어머님께 부탁하면 가족사진도 보여주실 거요."

당황스런 눈빛을 교환하던 리사와 재클린이 차례로 머리를 숙였다.

"미안해요!"

"용서해주세요!"

케네디가 오들오들 떨고 있는 여동생 로즈마리의 등을 쓰다듬으며 착 가라앉은 소리로 말했다.

"두 사람의 잘못만은 아니오. 로즈마리를 숨겨온 건 사실이니까."

"여동생의 존재를 일부러 숨겼다는 뜻인가요?"

재클린이 이런 상황에서도 기자다운 호기심을 드러냈다.

"아버지는 로즈마리의 존재가 나의 정치 활동에 방해가 될 거라고 생각하셨소. 그래서 이 아이를 집안에 숨겨두셨지. 로즈마리의 친구는 오직 나와 로버트뿐이오. 내가 유세활동 때문에 한동안 집에 오지 못하면 외로움에 지친 동생은 유독 힘들어 하곤 했소."

리사가 비로소 알겠다는 듯 고개를 주억였다.

"그래서 밤늦게 동생의 방으로 올라온 거군요."

"맞아요. 그런데 재클린."

"예?"

"그 사진 신문사에 제출할 겁니까?"

"……."

"동생이 부끄러워서가 아니라 호기심의 대상이 되는 게 싫어서 그래요."

깨지기 쉬운 도자기처럼 소중하게 동생을 안고 있는 케네디를 물끄러미 바라보던 재클린이 확고한 목소리로 약속했다.

"이 사진은 절대 신문에 싣지 않을게요."

"고마워요, 재클린. 당신은 역시 좋은 여자요."

서로의 얼굴을 응시하는 케네디와 재클린의 눈빛이 심상치 않다고 리사는 생각했다.

날이 밝자마자 재클린은 출근하기 위해 떠나고 리사는 저택에 남았다. 자신은 실은 브룩클린 중학교 학생이 아니고, 당장 갈 곳도 없으니 당분간 함께 지내게 해달라고 케네디에게 부탁했던 것이다. 케네디는 브룩클린 중학교에 연락해서 정말 리사가 그 학교 학생이 아닌 게 맞는지 확인했다. 리사의 말이 사실로 밝혀지자 한동안 고민하던 케네디는 결국 리사의 부탁을 들어주었다.

"흐음, 너를 그냥 데리고 있을 순 없으니 당분간 내 선거 운동원이 되어 함께 다니도록 하자."

"정말 고마워요, 존."

일이 잘 풀린 리사와는 달리 재클린은 오전 내내 운이 없었다. 잃어버린 자료를 찾느라고 전전긍긍했고, 편집장한테는 케네디 의원에 대한 특종을 잡지 못했다고 잔소리를 들었다.

"후우우…… 정신이 하나도 없군."

이마를 싸매고 있던 재클린이 커피라도 마시려고 사무실 밖으로 나갔다. 그녀가 사라지자마자 편집장이 엉망으로 어질러진 책상 앞으로 다가왔다. 편집장이 겹겹이 쌓인 사진들을 뒤적이며 투덜거렸다.

"대체 후원 파티에서의 사진은 왜 제출하지 않는 거야? 어라, 그런데 이 사진은 뭐지?"

편집장이 재클린이 숨겨놓은 사진 한 장을 찾아냈다. 케네디가 겁에 질린 로즈마리를 안고 있는 바로 그 사진이었다. 편집장이 사진을 든 손을 부들부들 떨었다.

"케네디 의원이 아내를 숨겨두고 있다는 소문이 사실이었구나."

"그런 게 아니에요!"

"윽!"

고함소리에 편집장이 흠칫 돌아섰다. 재클린이 편집장에게서 사진을 빼앗으려고 했다. 하지만 편집장은 사진을 빼앗기지 않으려고 팔을 번쩍 쳐들었다.

"이런 사진을 갖고 있으면서 왜 제출하지 않은 거야?"

"편집장님이 상상하는 그런 사진이 아니니까요."

"여기 여자를 끌어안고 있는데 왜 그런 사진이 아니야? 이 사진을 특종으로 내보내면 케네디를 한 방에 보내버릴 수가 있다고."

결국 재클린은 고백할 수밖에 없었다.

"그 여자는 숨겨둔 아내가 아니라 케네디 의원의 여동생이에요. 정

신지체를 앓고 있기 때문에 외부에 알려지지 않았을 뿐이라고요."

"그게 사실이야?"

"예, 확실해요. 그러니까 사진 돌려주세요."

"흐음……."

실망스런 표정을 짓던 편집장이 이내 손가락을 딱 튕겼다.

"이 사진을 특종으로 내보내자. 명문가의 숨겨진 그림자! 어때, 제목 근사하지?"

"안 돼요. 케네디 의원과 비밀로 하기로 약속했단 말이에요."

"사진을 싣고 안 싣고는 편집장인 내가 결정할 문제야. 만약 그게 싫다면 지금 당장 사표를 쓰도록 해."

"이, 이런……!"

"재클린이…… 재클린이 어떻게 나한테 이럴 수가……!"

다음 날 아침, 자신의 선거 사무실에서 조간신문을 들여다보며 케네디는 분노를 참지 못하고 부들부들 떨었다. 케네디가 실망이 가득 담긴 목소리로 중얼거렸다.

"내가 사람을 잘못 봤어. 약속을 헌신짝처럼 버리는 그런 여자였단 말이지?"

"무슨 일이에요?"

다른 선거 운동원들처럼 무릎을 살짝 덮는 치마와 흰색 블라우스를 입은 리사가 케네디의 옆으로 다가와 신문을 들여다보았다. 신문 일

면에 케네디가 정신지체를 앓고 있는 여동생을 안고 있는 사진이 대문짝만하게 실려 있었다.

"재클린이 이럴 리가 없는데……."

케네디가 신문을 와락 구겨버렸다.

"절대로 용서할 수 없어."

이때 비서가 문을 열고 들어왔다.

"의원님."

"무슨 일이지?"

"밖에 손님이 와 계십니다."

"아침부터 누구야?"

"타임 헤럴드의 재클린 부비에 양이랍니다."

"익!"

케네디가 이를 악물었다.

"당장 쫓아버려!"

평소 재클린에게 친절했던 케네디가 버럭 고함치자 비서는 깜짝 놀랐다. 씩씩대는 케네디를 질린 듯 바라보던 비서가 서둘러 방문을 열고 나갔다. 순간 재클린이 비서를 밀치고 방안으로 들어왔다.

"의원님, 저랑 얘기 좀 해요."

"당신과 할 얘기 없소. 당장 나가시오."

"그 사진은 편집장이 멋대로 실은 거라구요."

재클린의 변명에도 케네디는 냉담했다.

"끝까지 변명만 늘어놓는군. 비서, 뭐하고 있나?"

"재클린 양, 당장 나가주세요."

비서에게 끌려 나가며 재클린이 리사에게 소리쳤다.

"리사, 너는 나를 잘 알잖아! 네가 오해 좀 풀어줘!"

"……."

하지만 리사는 선뜻 나서지 못했다. 케네디가 너무 화가 나 있었기 때문이다. 끌려 나가는 재클린을 노려보며 케네디가 쐐기를 박았다.

"저런 여자와는 다시는 상종하고 싶지 않아."

"으음……."

리사의 입에서 신음이 새어나왔다. 재클린이 그렇게 나쁜 여자라고는 생각하지 않기 때문이다.

"와아아!"

잠시 후, 케네디는 열렬히 환호하는 시민들 사이를 행진하고 있었다. 케네디를 쫓아오며 팔을 흔드는 지지자들 대부분은 젊은 여성들이었다.

"케네디 의원을 지지해주세요!"

"케네디 의원을 상원으로 보내주세요!"

리사도 다른 선거운동원들과 함께 땀을 뻘뻘 흘리며 케네디의 정책을 담은 전단지를 나눠주었다.

"케네디 의원을……."

귀여운 아가씨에게 전단지를 건네주려던 리사가 멈칫했다. 아가씨의 얼굴이 당장이라도 기절할 듯 하얗게 질려 있었기 때문이다. 아가씨의 얼굴을 들여다보며 리사가 걱정스럽게 물었다.
 "괜찮아요?"
 "저리 비켜!"
 "으앗!"
 아가씨가 리사를 밀치고 케네디를 향해 돌진했다. 케네디에게 안기려는 아가씨를 비서들과 경호원들이 붙잡았다. 아가씨가 당황하는 케네디를 향해 두 팔을 휘저으며 필사적으로 외쳤다.
 "존, 사랑해요! 부디 내 사랑을…… 꼬로록!"
 감정이 격해진 아가씨가 눈을 하얗게 뒤집으며 넘어갔다. 리사가 재빨리 달려가 아가씨를 부축했다. 동시에 사방에서 비명이 터져 나왔다.
 "꺄아악!"
 "저 아가씨 왜 저래?"
 "누가 의사 좀 불러요!"
 케네디가 아가씨를 번쩍 안아들며 리사와 함께 뛰기 시작했다.
 "일단 병원으로 가자!"

 오후의 햇살이 비추는 병실에서 케네디와 리사는 잠든 소녀의 얼굴을 심각하게 내려다보았다. 의사가 케네디를 향해 설명했다.

"육체적으로나 심리적으로나 매우 지쳐 있는 상태입니다. 일종의 상사병인 셈이죠. 당분간 제대로 요양하지 않으면 건강을 크게 해칠 수도 있어요."

케네디가 의사를 향해 고개를 숙였다.

"치료비는 저희가 부담하겠습니다. 부디 잘 부탁합니다, 선생님."

"걱정 마십시오."

병원을 빠져나온 케네디와 리사는 햇살 좋은 거리로 나왔다. 화난 사람처럼 굳어 있는 케네디의 얼굴을 힐끔거리며 리사가 입을 열었다.

"너무 걱정하지 말아요. 의사 선생님이 잘 치료해주실 거예요."

케네디의 입가에 냉소적인 미소가 스쳤다.

"나는 저 멍청한 아가씨를 도저히 이해할 수가 없어."

"예, 그게 무슨 말이에요?"

"사랑은 원래 신기루 같은 거야. 처음에는 목숨을 걸고서라도 지키고 싶지만 그 간절한 마음은 몇 개월을 넘기지 못하지. 그런 헛된 감정에 빠져 시간을 허비하느니, 자신이 이 세계에 어떤 업적을 남길 수 있을지 고민하는 게 낫지 않을까?"

"……!"

리사가 눈을 동그랗게 뜨고 케네디를 바라보았다. 케네디는 여전히 핸섬하고 근사한 청년이었다. 하지만 오늘 리사는 그에게서 중대한 결점을 발견했다. 수많은 여성 팬들의 열렬한 사랑을 받고 있는 케네디는 정작 사랑이 무엇인지조차 잘 모르는 것 같았다. 그는 사랑을 이슬처럼 사라져버릴 헛된 감정으로 폄하하고, 오직 눈부신 성공으로 사람들의 인정을 받는 데만 급급하고 있었다. 물론 그것만으로도 훌륭한 사람이라고 칭찬받을 수 있을 것이다. 하지만 장담컨대, 결코 행복한 사람이 될 수는 없을 것이다.

리사는 케네디가 왜 저런 냉담한 남자가 되었는지 곰곰이 생각해보았다. 그리고 부친 조지프 씨를 떠올렸다. 조지프 씨는 큰 기대를 걸었던 장남이 전사하자, 장남을 통해 이루려고 했던 모든 꿈을 차남에게 물려주었다. 케네디는 형의 꼭두각시가 되는 것을 거부했지만 자신도 모르는 새에 아버지가 원하는 역할에 충실하고 있었다. 리사는 문득 케네디가 가엾게 느껴졌다. 아마도 그는 아주 어렸을 때부터 너무 무거운 짐을 짊어질 수밖에 없었을 것이다. 가슴을 짓누르는 부담감이 그의 마음속에서 사랑이 싹틀 기회마저 짓밟았으리라.

"존."

"응?"

"사랑은 헛된 감정이 아니에요. 사랑은 가장 순수하고 가장 소중한 감정이에요. 사랑은 우리를 특별한 존재로 만들어주죠. 사랑을 모르는 정치인이 어떻게 세상을 바꿀 업적을 남길 수 있겠어요?"

"……."

케네디가 입을 굳게 다문 채 리사의 얼굴을 뚫어져라 보았다. 그가 피식 웃으며 리사의 머리를 쓰다듬었다.

"리사는 나이와 어울리지 않게 정말 똑똑하구나. 네 충고는 심각하게 받아들이게."

하지만 리사는 알고 있었다. 케네디가 절대로 자신의 생각을 바꾸지 않으리란 사실을.

이후에도 선거운동은 순조롭게 진행되었다. 진보주의자인 케네디는 노동개혁과 민권보호 정책을 내세워 지지율을 조금씩 높여갔다. 잘생긴 청년 정치인에 대한 여성 유권자들의 인기까지 집중되어 케네디는 승리를 향해 조금씩 다가갔다. 그런데 승리를 확신하고 있던 선거 막판에 악재가 터졌다. 공화당 후보 쪽에서 전략을 바꿔 케네디가 아직 미혼이란 사실을 집중적으로 공격하기 시작했던 것이다.

공화당 후보는 지지자들을 모아놓고 이렇게 주장했다.

"여러분, 남자는 결혼해서 가정을 꾸려야 비로소 어른이 됩니다. 가정을 꾸리지 않는 남자는 신중하지 못하고, 국민들이 가지고 있는 문제들을 제대로 이해하지 못합니다. 저는 이미 이십 년 전에 결혼하여 두 아들과 세 딸을 키우고 있습니다. 이런 저에게 매사추세츠주를 맡기시겠습니까, 아니면 아무것도 모르는 애송이 케네디에게 맡기시겠습니까?"

결혼을 하지 않았다고 해서 정치를 못 하리란 주장은 억지였다. 하지만 문제는 이 억지가 유권자들에게 조금씩 먹혀들기 시작했다는 것이다.

며칠 후, 케네디는 선거 사무실에서 지역 대표들의 보고를 들었다.

"보스턴과 플리머스 등 전통적인 민주당 강세 지역에선 우위를 점하고 있습니다."

"하지만 그 외의 지역은 장담할 수 없습니다."

"공화당의 총각 후보 불가론이 조금씩 힘을 얻고 있는 것 같습니다."

케네디가 확고한 목소리로 말했다.

"미합중국은 평등한 나라입니다. 성별과 피부색은 물론 결혼 여부에 따라 차별받지 않을 권리가 있습니다."

"하지만 유권자들의 생각은 다릅니다."

"상원의원이 되시려면 조치를 취해야 합니다."

"결단을 내리십시오, 의원님."

케네디가 기가 막힌 듯 웃었다.

"결단이라니, 설마 나보고 상원의원이 되기 위해서 원하지도 않는 결혼을 하라는 말입니까?"

"결혼까지 할 필요가 있을까요? 약혼 정도면 충분할 것 같습니다만."

"으음……."

"고민만 하고 있을 때가 아닙니다. 선거의 승패가 걸려 있습니다."

케네디가 자신 앞에 커피 잔을 놓아주는 리사의 어깨에 갑자기 팔을 둘렀다.

"이 아이는 어떨까요?"

"……!"

대표들이 버둥거리는 리사를 황당한 눈으로 쳐다보았다.

"아직 어린아이 아닙니까?"

"안 됩니다, 의원님!"

케네디가 리사를 풀어주며 한숨을 푹 쉬었다.

"상원의원이 되기 위해서 원하지도 않는 약혼을 해야 한단 말인가? 이거 정말 골치 아프군."

꾸르릉!

오후부터 먹구름이 시커멓게 몰려들더니 굵은 빗방울이 떨어지기 시작했다. 비가 내리자 케네디도 일찌감치 저택으로 돌아왔다.

차가 현관 앞에 멈추자 우산을 받쳐 든 집사가 달려 나왔다. 집사가 차문을 열어주었고, 케네디와 리사가 내렸다. 현관 안으로 들어가려는 케네디를 향해 집사가 곤란한 듯 말했다.

"저기…… 손님이 와 계십니다만."

"응?"

고개를 돌리는 케네디의 눈에 우산도 쓰지 않고 우두커니 서 있는 재클린의 모습이 들어왔다. 재클린을 발견한 리사가 새된 소리를 질렀다.

"재클린!"

"안녕, 리사?"

"왜 여기서 비를 맞고 서 있는 거야?"

"그게 실은……."

재클린이 말끝을 흐리며 케네디를 쳐다보았다. 재클린을 바라보는 케네디의 눈빛은 냉담했다. 한동안 케네디와 시선을 마주치고 있던 재클린이 살짝 갈라지는 소리로 말했다.

"사과하고 싶어서 왔어요. 의원님과 동생의 사진을 신문에 실은 건 정말 부끄러운 일이었어요. 의원님의 용서를 받을 수 있다면 저는 정말 무슨 짓이든 하겠어요."

"재클린……!"

리사가 눈을 크게 뜨고 재클린을 보았다. 주룩주룩 내리는 비를 그대로 맞고 있는 그녀의 창백한 얼굴을 보며 리사는 비로소 알아차릴 수 있었다. 재클린이 케네디에게 호감을 가지고 있는 정도가 아니라, 그를 이미 사랑하고 있다는 사실을. 리사가 고개를 돌려 케네디를 보았다. 그의 얼굴은 여전히 대리석처럼 굳어 있었다.

창백한 재클린의 얼굴을 뚫어져라 응시하던 케네디가 냉랭하게 입을 열었다.

"집사."

"예, 도련님."

"누가 함부로 사람을 들이라고 했소?"

"죄, 죄송합니다."

"나는 모르는 사람이니 내보내요."

"알겠습니다."

리사는 현관 안으로 들어가는 케네디를 따라가지 않고 우두커니 서

서 재클린을 보았다. 빗물이 뚝뚝 떨어지는 재클린의 얼굴을 걱정스럽게 응시하던 리사가 한숨을 푹푹 쉬었다.

"존이 쉽게 화를 풀 것 같지 않아. 그러니까 오늘은 돌아가는 게 좋겠어, 재클린."

"아니, 나는 그가 사과를 받아줄 때까지 여기서 한 발자국도 움직이지 않을 거야."

"재클린, 고집 피우지 마."

"……."

결연한 얼굴로 미동도 하지 않는 재클린을 바라보던 리사가 고개를 설레설레 흔들며 안으로 들어갔다.

케네디는 이 층 서재의 창가에 서서 비를 맞고 있는 재클린을 굽어보고 있었다. 그의 입술 사이로 고통스런 신음이 새어나왔다.

"으음……."

똑똑!

이때 노크소리가 들렸다. 케네디가 대답하지도 않았는데 리사가 방문을 열고 들어왔다. 케네디의 등 뒤로 다가온 리사가 재클린을 향한 걱정스런 기색을 내비쳤다.

"저대로 두면 재클린은 독감에 걸릴 거예요."

"……."

"재클린을 그만 용서해줘요. 재클린의 성격에 그 사진을 일부러 신문에 실었을 리 없어요."

"……."

고집스럽게 굳어 있는 케네디의 뒤통수를 쏘아보던 리사가 버럭 소리를 질렀다.

"재클린이 왜 저러는지 정말 모르겠어요? 재클린은 당신을 좋아하고 있다구요!"

충격을 받은 듯 케네디의 등이 움찔했다. 그의 등이 가늘게 떨리는 것 같았다. 한참만에야 케네디가 꽉 잠긴 목소리로 대답했다.

"다른 사람이었다면 벌써 용서했을 거야."

"그런데 왜 유독 재클린한테만 엄격하죠?"

"그건…… 나도 그녀를 좋아하고 있기 때문이야."

"……!"

리사가 충격으로 입을 쩍 벌렸다.

"바, 방금 뭐라고 했어요? 존도 재클린을 좋아하고 있다고요?"

케네디가 리사를 향해 빙글 돌아서며 고개를 끄덕였다.

"그렇기 때문에 더더욱 재클린을 용서할 수가 없어."

"아아……."

리사가 뭐라고 대답해야 좋을지 몰라 우물쭈물했다. 그 사이 케네디의 표정이 더욱 고통스럽게 일그러졌다.

"나는 사랑 따윈 믿지 않아. 사랑은 해가 떠오르면 증발해버리는 이슬처럼 머지않아 흩어질 감정이야 그런데…… 그런데…… 재클린을 보고 있으면 나의 믿음이 송두리째 흔들려. 그래서 그녀에게 더욱 냉담하게 구는 거야. 그녀가 아니라 나 스스로를 지키기 위해서."

솔직하게 고백하는 케네디의 얼굴을 멍하니 쳐다보며 리사는 아닌 게 아니라 걱정은 걱정이라고 생각했다. 케네디는 스스로 고백했듯 사랑을 믿지 않는 남자였다. 순간적으로 재클린에게 사랑의 감정을 품었을지 모르지만 그의 말대로 머지않아 그 감정은 먼지처럼 흩어져버릴 수도 있다. 한동안 고민하던 리사가 케네디의 얼굴을 똑바로 쳐다보았다.

"존."

"으응?"

"재클린은 순수한 아가씨예요. 그래서 당신도 설불리 고백하지 못하고 망설이는 것이겠죠."

"맞는 말이야."

"하지만 나는 당신 둘이 잘 어울릴 거라고 생각해요. 재클린이라면 분명 당신에게 사랑에 대한 확신을 심어줄 수 있을 거예요."

"정말 그럴까?"

"나를 한번 믿어봐요."

리사가 빙그레 미소 지으며 고개를 끄덕였다. 여전히 망설이는 눈으로 리사의 얼굴을 바라보던 케네디가 씨익 웃었다.

"정말 이상하지."

"뭐가요?"

"리사는 아직 꼬맹이인데, 그 어떤 어른보다 사람의 마음을 움직이는 힘을 가지고 있는 것 같거든."

"헤헤! 내가 원래 조숙하다는 소리를 듣는 편이거든요."

"함께 나가서 재클린을 데리고 들어오자. 저 아름다운 아가씨한테 따뜻한 차라도 대접해야지."

"기꺼이요."

6
성급한 약혼식

케네디는 재클린의 사과를 받아들였다. 그리고 그녀와 함께 저녁식사를 했다. 물론 리사도 참석했다. 식탁의 분위기는 화기애애했다. 리사가 가볍게 던진 농담에 케네디와 재클린은 유난히 큰 웃음을 터뜨렸다. 서로를 바라보는 케네디와 재클린의 눈빛에 애정이 잔잔하게 흐르는 것을 리사는 똑똑히 목격했다.

'그래, 두 사람이라면 분명히 예쁜 사랑을 만들어나갈 수 있을 거야. 존과 재클린을 믿자.'

리사는 아름다운 두 남녀의 사랑이 결실을 맺을 것을 믿어 의심치 않았다.

식사가 끝나자 케네디와 재클린은 와인을 마셨다. 끝없이 대화를 나누는 두 사람을 연신 하품을 하며 지켜보던 리사가 졸음을 이기지 못하고 먼저 침실로 향했다. 그리고 침대에 쓰러지자마자 깊은 잠속으로 빠져들었다.

다음 날 아침에 눈을 떠보니 비는 그쳐 있었다. 흰색 커튼 사이로 들어온 깨끗한 햇살이 리사를 깨웠다.

"으응……."

리사가 눈을 비비며 상체를 일으키는 순간, 재클린이 방문을 박차고 들어왔다.

"리사!"

"깜짝이야!"

재클린이 흥분을 감추지 못하고 외쳤다.

"나, 존과 약혼하기로 했어!"

"그, 그게 정말이야? 정말 잘됐다!"

"고마워! 이게 다 리사의 덕분이야!"

재클린이 달려들어 리사를 와락 끌어안았다. 리사도 재클린의 등을 부드럽게 쓰다듬었다.

"축하해, 재클린. 당신과 존은 분명 행복한 커플이 될 거야."

그로부터 며칠 지나지 않아 케네디와 재클린은 약혼식을 올렸다. 조촐한 약혼식이었지만 젊고 잘생긴 하원의원과 영민하고 아름다운 아가씨의 약혼은 사람들의 관심과 시선을 사로잡기에 충분했다. 두 사람의 약혼은 케네디의 선거전에도 긍정적인 영향을 미쳤다. 케네디가 아직 총각이기 때문에 상원의원 직을 제대로 수행하지 못할 것이라고 공격을 퍼부었던 상대 후보는 이로 인해 더 이상 할 말을 잃게 되었다.

며칠 후, 보스턴 시청 앞 광장은 사람들로 가득 찼다. 손과 손에 풍선과 성조기를 들고 들뜬 얼굴로 서 있는 사람들은 민주당 지지자들이었다. 그들은 오늘 존 F. 케네디의 상원의원 당선을 축하하기 위해 모인 것이다. 광장 중앙에 설치된 높다란 단 위로 사회자가 걸어 나왔다. 한동안 지지자들을 둘러보던 사회자가 연단 입구를 가리키며 외쳤다.

"여러분께 소개합니다! 미합중국의 최연소 상원의원 존 F. 케네디입니다!"

"와아아아--!"

광장이 떠내려갈 듯 함성이 울려 퍼지는 가운데 케네디가 손을 흔들며 걸어 나왔다. 매사추세츠를 대표하는 젊고 매력적인 상원의원의 탄생에 지지자들은 흥분하고 있었다. 만면에 미소를 머금고 함성이 가라앉기를 기다렸던 케네디가 천천히 입을 열었다.

"여러분, 저는 오늘 매사추세츠 상원의원 선거에서 승리했음을 보고 드리기 위해 이 자리에 섰습니다. 이 승리는 저 혼자만의 승리가 아닙니다. 미합중국이 조금 더 건강하고 정의로운 나라가 되기를 소망하는 우리 모두의 승리인 것입니다."

"케네디!"

"케네디!"

지지자들 사이에서 다시 열렬한 환호성이 터져 나왔다. 케네디가 연단 입구를 가리키며 미소 지었다.

"여러분, 제 곁을 지키며 저와 함께 싸워준 약혼녀 재클린 부비에를 소개합니다!"

"와아아아!"

화사한 원피스 차림의 재클린이 연단에 모습을 드러내자 지금까지와는 비교조차 할 수 없는 함성이 터져 나왔다. 재클린이 케네디 옆에 나란히 서자 선남선녀에게선 빛이 나는 것 같았다. 케네디와 재클린과의 약혼은 점차 불리하게 진행되던 선거의 흐름을 단숨에 바꿔놓았다. 상류층 가정에서 태어나 좋은 대학을 나오고 커리어우먼으로 맹활약 중인 재클린은 케네디의 약점인 너무 젊은 나이를 보완해 주는 것은 물론 그의 매력이 더욱 돋보이도록 만들었다. 재클린이 상원의원 케네디를 만드는 데 결정적 역할을 한 셈이다.

지지자들 틈에 섞여 케네디와 재클린을 올려다보는 리사도 마음이 흡족했다.

"역시 내 생각이 옳았어. 존과 재클린은 정말이지 잘 어울리는 한 쌍이야."

그날 저녁, 시내의 한 호텔에서 당선 축하 파티가 열렸다. 보스턴의 유력자들이 호텔로 몰려들었고 노을이 질 무렵 그곳은 이미 거대한 파티장으로 변했다.

"케네디 만세!"

"민주당 만세!"

리사도 흥청거리는 사람들 틈에 섞여 이리저리 휩쓸려 다녔다. 너무도 많은 사람들이 마시고 떠드는 통에 정신을 차릴 수가 없었다. 이때 리사의 눈에 사람들을 헤치고 의상실로 뛰어 들어가는 재클린의 모습이 보였다.

"재클린! 재클린!"

반가운 마음에 리사가 팔을 흔들었지만 재클린은 보지 못한 것 같았다.

"저리 좀 비켜 봐요. 으악! 방금 누가 내 발을 밟았어?"

리사가 사람들을 간신히 헤치고 의상실로 들어갔다. 호텔에서 거의 유일하게 조용한 장소인 의상실로 들어서자마자 리사는 멈칫했다. 소리 죽여 흐느끼는 소리가 들렸기 때문이다.

의상실 구석에 숨어 울고 있는 사람은 재클린이었다. 굴곡진 허리의 윤곽을 강조한 아름다운 드레스 차림의 재클린이 고개를 떨군 채 하염없이 눈물을 흘리고 있었다.

"……."

리사는 너무 기가 막혀 선뜻 말도 걸지 못했다. 케네디와 함께 재클린은 오늘 밤의 주인공이었다. 가슴 벅찬 승리를 거두고 사람들 사이에서 축하 받으며 기뻐해야 할 그녀가 이렇게 홀로 숨어서 비탄의 눈

물을 흘리는 것을 도저히 이해할 수 없었다. 한참만에야 리사가 재클린에게 다가가 그녀의 어깨를 살며시 잡았다.

"리사……."

재클린이 눈물범벅의 얼굴을 들었다.

"오늘처럼 좋은 날 왜 혼자 울고 있어?"

"존이…… 존 그 사람이…….."

"존이 왜?"

"다른 여자와 춤을 추고 있어."

"뭐라고?"

순간 리사의 얼굴이 험악하게 변했다. 오늘 케네디는 지금까지의 인생에서 가장 큰 승리를 거두었다. 다른 날도 아니고 바로 오늘 같은 날 그와 함께 춤추며 영광을 누려야 할 사람은 당연히 약혼녀인 재클린 뿐이었다. 재클린이 왜 눈물을 보이는지 알게 된 리사가 간신히 화를 참는 목소리로 물었다.

"존이 대체 누구와 춤추고 있는데?"

"보스턴 시장의 딸인 캐서린이야. 올해 프린스턴 대학을 수석으로 졸업한 수재라고 하더라고."

"따라와!"

리사가 재클린의 손을 확 끌어당겼다. 리사에게 끌려가며 재클린이 당황스런 목소리로 물었다.

"대체 뭘 어쩌려고 그래?"

"잔말 말고 따라오란 말이야!"

리사가 재클린을 억지로 끌고 파티장으로 돌아갔다. 과연 웬 여우처럼 생긴 아가씨와 신 나게 춤추고 있는 케네디의 모습이 보였다. 약혼녀는 팽개쳐두고 다른 여자와 웃고 떠드느라 땀을 뻘뻘 흘리는 케네디의 모습을 지그시 쏘아보던 리사가 재클린을 향해 불쑥 손을 내밀었다.

"아가씨, 한 곡 추실까요?"

"뭐?"

리사가 의미심장하게 웃었다.

"나랑 한 곡 추자고."

"아, 알았어."

마지못해 손을 잡는 재클린을 끌고 리사가 케네디 근처로 다가갔다. 그리고 케네디 못지않은 현란한 솜씨로 춤을 추기 시작했다. 여자들끼리 춤을 추는 모습에 여기저기서 웃음소리가 들려왔다. 하지만 케네디는 웃을 수 없었다. 리사가 의도적으로 케네디와 그의 파트너 앞을 가로막으며 춤을 방해했기 때문이다. 어느 순간, 리사가 오른발을 슬쩍 내밀었다. 그녀의 발에 걸린 아가씨가 꼴사납게 벌러덩 넘어지고 말았다.

"꺄악!"

배를 깔고 길게 미끄러지는 아가씨의 치마가 훌러덩 뒤집히며 속치

마가 훤히 드러났다. 순간 음악이 뚝 끊기고 손님들이 입을 쩍 벌린 채 바닥에 널브러진 아가씨의 우스꽝스런 모습을 내려다보았다. 케네디가 재빨리 아가씨를 일으켜 세우고 부축했지만 그녀의 얼굴은 이미 사색으로 변해 있었다.

"으앙! 창피해서 어떻게 살아?"

눈물을 터뜨리며 연회장을 뛰쳐나가는 아가씨의 뒷모습을 망연히 지켜보던 케네디가 이내 정신을 차리고는 리사와 재클린을 향해 눈을 치켜떴다.

"리사, 이게 무슨 짓이야?"

"존이야말로 무슨 짓이에요?"

"내가 뭘 어쨌다고?"

"오늘의 주인공은 당신과 재클린이에요. 당연히 약혼녀와 춤춰야 하는 거 아닌가요?"

"저 아가씨는 보스턴 시장의 따님이셔. 시장님의 소개를 받고 춤 요청에 응했을 뿐이라구."

"아무리 그래도 오늘 같은 날은 재클린을 먼저 챙겼어야죠."

"으음……."

신음을 흘리며 재클린의 우울한 얼굴을 바라보던 존이 마지못해 사과했다.

"마음이 상했다면 미안해, 재클린. 괜찮다면 나와 춤추겠어?"

재클린이 고개를 끄덕이며 존이 내민 손을 잡았다.

다시 경쾌한 음악이 흐르며 케네디와 재클린이 춤을 추었다. 적어도 겉으론 두 사람 모두 행복해 보였다.

'나는 원래 사랑이란 감정을 믿지 않아.'

그러나 리사는 예전 케네디의 말을 떠올리며 불안한 마음을 떨칠 수가 없었다.

상원의원 케네디는 열정적으로 활동하기 시작했다. 그는 자신이 선거 운동 중에 약속했듯이 매사추세츠는 물론 미국 전체에서 민권보호와 노동개혁을 위해 노력했다. 그는 자신의 선거 공약을 지키려고 최선을 다했고, 이런 그의 모습은 사람들에게 신뢰를 주었다.

하지만 그는 훌륭한 상원의원이었을지는 몰라도 훌륭한 약혼자는 아니었다. 케네디는 워싱턴의 의원실과 매사추세츠의 지역 사무실을 오가며 헌신적으로 일했지만 재클린에게는 그러지 못했다.

재클린은 너무 바쁜 약혼자 때문에 며칠 혹은 몇 주씩 혼자 보내기 일쑤였다. 그녀는 그를 위해 참으려고 노력했지만 시간이 흐를수록 버림받았다는 기분이 들었다. 케네디는 이제 주말에 지역구에 내려왔을 때조차 재클린에게 연락하지 않았다. 재클린은 모욕감에 시달리며 버림받은 꽃처럼 시들어갔다.

더위가 기승을 부리는 한여름 주말, 재클린은 호텔방에 우두커니 앉아 보스턴 시내를 내려다보고 있었다. 늘 생기발랄하던 그녀의 눈동자는 빛을 잃은 것 같았다. 침울한 재클린의 얼굴을 지켜보다가 리사가 한숨 섞인 목소리로 말했다.

"존에게 만나자고 연락은 해봤어?"

재클린이 힘없이 웃었다.

"오늘은 너무 바빠서 곤란하대. 브룩클린 고등학교에서 후원회 부인들과 바자회를 열고 있다더라."

"으음……."

"존이 아무래도 약혼을 깨고 싶은 모양이야."

"에이, 설마!"

"아니야. 나를 사랑한다면 이럴 수는 없어."

두 손으로 얼굴을 감싸는 재클린의 가녀린 어깨를 보며 리사는 울컥 화가 치밀었다.

"뚝 그치고 가자."

"어딜?"

눈물 젖은 얼굴을 쳐드는 재클린을 향해 리사는 단호하게 말했다.

"재클린은 존의 약혼녀야. 약혼자가 눈코 뜰 새 없이 바쁘다는데 찾아가서 도와주는 게 당연하잖아?"

"……!"

고등학교 운동장에 만국기들이 걸려 펄럭였다. 바람에 펄럭이는 형형색색의 국기 아래서 케네디 상원의원을 지지하는 부인들이 자신들이 사용하던 옷, 구두, 핸드백 등을 가지고 나와 바자회를 열고 있었다. 하나같이 젊고 예쁜 부인들로 화사한 드레스에 짙게 화장까지 한 것이 도무지 바자회에 나온 것인지, 무도회에 온 것인지 구분하기가 힘들었다.

"저게 누구야?"

"케네디 의원의 약혼녀잖아?"

"갑자기 왜 나타난 거지?"

재클린이 리사와 나란히 바자회장에 나타나자 부인들의 적의 어린 시선이 집중되었다. 그 찌르는 듯한 시선들에 재클린은 왠지 주눅이 들어 고개를 숙인 채 걸음을 옮겼다. 곁에서 따라 걷던 리사가 용기를 주려고 노력했다.

"고개를 들고 당당하게 걸어. 재클린은 존의 약혼녀야."

"아, 알았어."

재클린이 눈앞에 나란히 서 있는 두 명의 젊은 부인을 향해 친근하게 인사를 건넸다.

"안녕하세요?"

"아, 예. 안녕하세요?"

"존이 보이지 않는군요. 어디로 가면 만날 수 있나요?"

부인 한 명이 손가락을 들어 본관 건물을 가리켰다.

"저 안에서 부인회 회장님과 말씀을 나누고 계세요."

"고마워요."

재클린이 리사와 함께 건물을 향해 걸어갔다. 그녀의 등 뒤에서 부인들이 숙덕거리는 소리가 들렸다.

"요즘 의원님과 사이가 안 좋다며?"

"파혼할지도 모른다는 소문이 파다해요."

화가 치밀어 부인들을 향해 돌아서려는 리사의 팔을 재클린이 붙잡았다. 리사가 억울하다는 듯한 표정을 했다.

"왜 말리는 거야?"

"말다툼을 벌여봤자 나쁜 소문만 퍼질 뿐이야."

"쳇!"

리사가 부인들을 한 번 콱 째려봐주곤 재클린을 따라 현관 안으로 들어갔다.

복도를 걸어가던 재클린과 리사는 우아한 느낌의 중년 부인과 마주쳤다.

"안녕하세요, 회장님?"

"오, 재클린. 오랜만이에요."

"존과 얘기를 나누고 계시다고 들었는데요."

"나와의 대화는 끝났고, 지금은 신입 회원과 얘기 중이에요. 저기 저 교실이에요."

부인이 복도 끝의 교실을 가리켰다.

재클린이 고맙다고 인사한 후 교실을 향해 걸어갔다. 교실 문을 열고 들어가려던 그녀가 멈칫했다. 안쪽에서 웬 여자의 울음 섞인 목소리가 새어나왔기 때문이다.

성급한 약혼식

"존, 당신을 사랑하고 있어요. 제발 내 마음을 받아줘요."

"미란다, 이러지 마. 나는 약혼녀가 있는 몸이야."

"당신은 재클린을 사랑하지 않아요. 나도 소문을 들었다고요. 당신들 곧 파혼한다면서요?"

"그건 다 헛소문이라고 했잖아."

"존, 제발……!"

리사가 곤혹스런 눈으로 하얗게 질린 재클린의 얼굴을 돌아보았다. 충격을 이기지 못하고 온몸을 떨고 있던 재클린이 이를 악물며 문을 화악 열어젖혔다.

"존 피츠제럴드 케네디, 이 비열한 인간 같으니!"

"!"

케네디와 웬 젊은 아가씨가 눈을 동그랗게 뜨고 이쪽을 쳐다보았다. 리사와 재클린의 성난 얼굴을 발견한 케네디의 얼굴에 당혹감이 스쳤다.

"두 사람이 여긴 어쩐 일이야?"

"그걸 몰라서 물어요?"

"재클린, 내가 설명할게. 이건 완전 오해라고."

"지금 오해라고 했어요?"

기가 막힌 듯 실소하던 재클린이 케네디의 얼굴을 쏘아보았다.

"존, 우리가 지난 한 달간 얼굴도 보지 못했다는 사실을 알고는 있나요?"

"하지만 상원의원이 되고나서 눈코 뜰 새 없이 바빴어. 당신도 잘 알고 있잖아."

"당신이 자꾸 그런 식이니까 사람들이 우리가 파혼할 거라고 수군거리는 거잖아요!"

"!"

재클린이 버럭 소리치자 케네디가 움찔했다. 케네디를 무섭게 쏘아 보는 재클린과 당황하여 어쩔 줄 모르는 케네디의 얼굴을 번갈아 보던 아가씨가 슬금슬금 교실을 빠져나갔다.

"나, 난 이만 갈게요."

리사가 교실을 빠져나가는 아가씨를 사납게 째려보았다.

아가씨가 사라지자마자 케네디가 변명조로 말했다.

"정말 오해야. 미란다는 며칠 전 후원회에서 처음 만난 아가씨야. 오늘 갑자기 할 말이 있다며 찾아와서는 황당한 고백을 하더군. 나도 많이 당황했어. 재클린 당신이 의심하는 그런 사이는 절대 아니니까 신경 쓸 필요 없어."

"중요한 건 그런 게 아니에요."

"그럼 무슨……?"

재클린이 이를 악물며 힘주어 내뱉었다.

"진짜 중요한 건 우리 사이의 신뢰가 깨졌다는 사실이에요. 당신이 아무리 나를 외면하고 무시해도 나는 당신에 대한 믿음만은 버리지 않았어요. 최소한 당신이 나를 사랑한다고 믿었다는 뜻이에요. 그런

데 이제 그 마지막 믿음마저 사라지려 하고 있어요. 자, 우린 이제 어떡하면 좋을까요?"

"으음……."

케네디가 신음을 흘리며 재클린의 얼굴을 바라보았다. 그가 한참만에야 살짝 갈라지는 소리로 답했다.

"당신이 원한다면 우리의 약혼을 취소할 수도 있겠지."

"하하! 결국 그렇게 되는 건가요?"

허탈하게 웃던 재클린이 웃음을 뚝 그치며 실망 가득한 표정으로 입을 열었다.

"당신은 정말 무책임한 남자로군요. 원한다면 이깟 거짓 약혼 따위 당장 깨뜨려도 좋아요. 하지만 그 책임은 내가 아니라 전적으로 당신에게 있다는 사실만은 기억해둬요."

말을 마치자마자 재클린이 빙글 돌아섰다. 케네디를 사납게 쏘아보던 리사도 재클린을 쫓아갔다.

"재클린! 재클린! 같이 가!"

그날 이후, 재클린은 호텔방에 틀어박혀 꼼짝도 하지 않았다. 케네디가 숱하게 전화를 걸어왔지만 그녀는 받지 않았다. 계속 울리는 벨소리에 지친 리사가 전화를 받으면 케네디는 풀 죽은 목소리로 이렇게 말하곤 했다.

"내가 재클린에게 많은 잘못을 저질렀다는 거 알아. 하지만 일부러

상처를 주려고 한 건 절대 아니야. 나는 다만 아직 누군가를 진정으로 사랑하는 방법을 알지 못할 뿐이라고."

리사는 케네디가 거짓말을 하고 있다고는 생각하지 않았다. 그렇다고 재클린에게 무조건 그를 용서하라고 말할 수도 없었다. 케네디는 자신의 의도와는 상관없이 사랑하는 사람을 불행하게 만들 수도 있는 남자였고, 그런 그를 받아들일지 말지는 온전히 재클린이 선택할 몫이라고 생각했기 때문이다.

케네디와 재클린이 만나지 않는 시간이 길어질수록 두 사람이 파혼할 것이란 소문이 점점 더 퍼졌다. 두 사람의 파혼은 이제 근거 없는 루머가 아니라 매사추세츠주의 모든 사람들에게 당연한 일로 받아들여지고 있었다.

다음 주말, 보다 못한 리사가 더 이상 참지 못하고 케네디의 사무실로 찾아갔다. 리사는 원래 케네디를 만나자마자 마구 따질 생각이었다. 그러나 초췌한 얼굴로 의자에 몸을 깊숙이 묻고 앉아 있는 그를 보자 따질 기분이 사라져버렸다.

'후우…… 재클린뿐 아니라 존도 마음고생이 심하구나.'

리사는 서로 사랑하면서도 갈등을 겪고 있는 두 사람이 안타깝기만 했다.

"이쪽으로 앉아, 리사."

케네디가 리사를 소파 쪽으로 안내했다. 케네디와 마주앉자마자 리사가 한숨 섞인 목소리로 그의 이름을 불렀다.

"존."

"응?"

"재클린과 정말 파혼할 생각이에요?"

"물론 그런 건 아니지만……."

"재클린은 당신 때문에 절망에 빠져 있어요. 당연히 남자인 존이 먼저 찾아가서 사과해야 하는 거 아닌가요?"

케네디가 절망적인 목소리로 대답했다.

"나도 물론 그러고 싶어. 하지만 재클린이 너무 완강하게 만남을 거부하니, 찾아가는 것 자체가 겁이 나는군."

"그래도 존이 먼저 용기를 내야……."

와장창!

"꺄악!"

사무실 유리창이 박살나며 돌멩이가 날아든 것은 그때였다. 놀라 비명을 지르는 리사를 진정시키며 케네디가 박차고 일어섰다.

"별일 아니니까 너무 놀라지 마."

"대체 누가 돌을 던진 거예요?"

리사와 케네디가 나란히 창가에 서서 밖을 내다보았다. 수백 명의 사람들이 사무실 아래에서 -케네디는 사퇴하라!- -케네디는 물러가라!- -우리는 케네디에게 반대한다!- 라는 문구가 적힌 피켓을 들고 시위를 하고 있었다.

"흑인 우월주의자 케네디는 즉각 사퇴하라!"

"선량한 기업가를 괴롭히는 케네디는 물러가라!"

"매사추세츠 주민들은 케네디의 정책에 반대한다!"

리사가 휘둥그레진 눈으로 케네디를 돌아보았다.

"이게 다 무슨 일이에요?"

"실은 시 외곽에 위치한 '월셔 타이어'의 공장에서 문제가 조금 생겼어."

"무슨 문제요?"

"타이어를 만드는 과정에서 지독한 공해 물질이 발생하기 때문에 흑인 노동자 대부분이 건강에 큰 이상이 생겼어. 작년부터 노동자들은 사장인 잭 월셔에게 최소한의 병원비 등을 요구하며 노조를 만들었지. 하지만 잭 월셔는 협상을 거부하고 경찰과 마피아를 동원해 흑인 노동자들을 탄압했어. 나는 '월셔 타이어'의 이러한 행위에 분개해 노동자들 편에서 회사에 압력을 가했지. 그러자 잭 월셔는 백인 우월주의자들을 앞세워 내가 흑인들을 일방적으로 두둔한다며 반격을 가하기 시작했어."

"그럼 저 사람들이 다 백인 우월주의자들이란 말이에요?"

"꼭 그렇지는 않지만 아직도 흑인들을 노예처럼 생각하는 지지자들 중 일부까지 내게 등을 돌리기 시작했다는 게 문제야."

리사가 눈을 크게 떴다.

"저런, 생각보다 상황이 심각하군요?"

"그래, 어쩌면 매사추세츠주에서의 지지기반을 완전히 잃게 될지도 모르겠어. 하지만 절대 물러서지 않을 작정이야. 민권보호와 노동개혁은 정치를 시작하면서부터 품어왔던 나의 이상이니까. 그걸 포기한다면 내가 정치를 시작한 의미도 없어지고 더 이상 꿈을 키워나가는 것도 불가능해질 거야."

"존……."

비장한 케네디의 얼굴을 리사가 걱정스럽게 쳐다보았다.

그날 이후 케네디를 둘러싼 상황은 점점 악화되었다. 사무실로 몰려와 항의하는 시위대의 숫자가 계속 불어났기 때문이다. 그들은 피켓을 흔들고 돌을 던지며 케네디에게 의원직에서 물러나라고 소리치며 위협을 했다.

보수적인 신문들도 상원의원 케네디를 비판하는 기사를 내보내기 시작했다. 민주당 지도부까지 나서서 케네디를 설득했지만 그는 월셔 타이어 공장에서 흑인 노동자들에게 보상해야만 한다는 주장을 굽히지 않았다. 약한 노동자들을 보호하는 것이야말로 그가 정치를 계속하는 이유였던 것이다.

리사는 어떻게든 케네디에게 도움을 주고 싶었지만 뾰족한 방법이 떠오르지 않았다. 며칠 후 주말, 리사는 답답한 마음을 품고 재클린을 찾아갔다. 한참을 망설인 끝에 리사는 케네디가 처한 어려움에 대해 털어놓았다.

리사의 말을 들은 재클린은 크게 놀랐다.

"존이 그렇게까지 위기에 몰렸단 말이야?"

"응, 오늘은 시위대가 사무실까지 쑥대밭으로 만들어놓았다니까. 매일매일이 불안해."

"경찰은 왜 보고만 있는 거야?"

"경찰도 은근히 시위대를 편들고 있는 눈치야."

재클린이 초조한 듯 입술을 잘근잘근 깨물었다.

"하긴 흑인들과 갈등이 생기면 백인들은 경찰이든 신문기자든 똘똘 뭉치기 마련이니까."

"이러다 존이 무슨 사고라도 당하지 않을까 걱정이야."

"으음……."

심각하게 고민하던 재클린이 결심한 듯 자리에서 일어섰다. 눈빛이 반짝반짝 빛나는 것이 리사가 처음 만났을 때의 재클린처럼 생기 있어 보였다.

"우리가 존을 도와줘야 해."

"어떻게?"

"월셔 타이어에서 노동자들을 폭행한 적이 절대로 없다고 주장하고 있다지?"

"맞아."

"우리가 공장에 잠입해서 경영진이 마피아를 동원해 흑인 노동자들을 협박하고 폭행하는 장면을 찍어서 신문사에 터뜨리는 거야."

"그게…… 가능할까?"

재클린이 엄지손가락으로 제 얼굴을 가리키며 씨익 웃었다.

"내가 타임 헤럴드의 사진기자였다는 사실을 벌써 잊은 거야?"

"………!"

리사가 새삼스럽게 재클린의 얼굴을 뚫어져라 응시했다. 잠시 후, 리사는 피식 웃었다.

"재클린은 정말 좋은 사람이구나?"

"갑자기 무슨 말이야?"

"나 같으면 존이 미워서라도 절대 돕지 않았을 거야."

"그와 파혼하든 파혼하지 않든 옳은 일은 돕는 게 당연하다고 생각해. 나는 약혼자인 존뿐 아니라 국회의원 존도 지지하고 사랑했거든."

"응, 재클린의 말이 옳아!"

기분이 좋아진 리사가 고개를 크게 끄덕였다.

그날부터 사흘 동안 재클린과 리사는 밤마다 시내 변두리에 위치한 월셔 타이어 공장으로 향했다. 들판 한복판에 자리 잡은 공장을 주변의 잡목 숲에 숨어서 감시했지만 공장에서 노동자들을 괴롭히고 있다는 증거는 발견하지 못했다. 그 사이에 케네디의 상황은 계속 악화되어 민주당 지도부에서 케네디 의원이 고집을 꺾지 않으면 탈당을 요구할 것이란 소문까지 돌았다.

"리사, 오늘 밤은 어떻게든 증거를 찾아야 해."

"응!"

칠흑처럼 어두운 들판을 가로지르며 재클린이 리사에게 단호하게 말했다.

저 앞쪽에서 희미한 불빛이 새어나오고 있는 공장이 보였다. 검푸른 하늘을 배경으로 외따로이 서 있는 회색빛 공장은 괴물의 성처럼 보이기도 했다.

리사와 재클린이 공장 근처 나무숲으로 몸을 숨겼다. 두 사람은 숨을 죽인 채 한 시간 넘게 뚫어져라 감시했다. 공장에서는 흑인 노동자들이 야간 작업을 하고 있었다. 재클린이 알아낸 정보에 의하면 야간 작업 중에 노조에 가입한 노동자들에 대한 폭행과 협박이 이루어진다고 했다. 그러나 아무리 기다려도 수상한 낌새는 없었다. 무더운 한여름 밤인지라 숨이 턱턱 막히고 땀이 줄줄 흘렀다. 그것도 모자라 모기떼가 달려들어 나무 뒤에 웅크린 리사와 재클린을 사정없이 물어뜯었다.

리사가 손바닥으로 자신의 뺨을 찰싹 때리며 울상을 지었다.

"재클린, 오늘은 그만 돌아가자. 이곳에 더 있다간 모기들이 내 몸의 피를 몽땅 뽑아먹고야 말겠어."

"으음……."

잠시 고민하던 재클린이 긴장된 소리로 제안했다.

"공장 안으로 들어가자."

"뭐라고?"

"빨리 증거를 찾지 못하면 존은 의원직을 내놓게 될지도 몰라."

"하지만 공장 안에는 마피아들이 진을 치고 있다며? 잘못하면 우리까지 위험해질 수 있다고."

"그럼 나 혼자 다녀올 테니까 리사는 기다리고 있어."

"재클린! 재클린!"

허리를 숙인 채 공장을 향해 달려가는 재클린을 리사가 황급히 쫓아갔다.

검은 양복을 입은 수상한 남자들이 공장 정문을 지키고 있었다. 하나같이 험악한 인상의 남자들은 마피아가 분명해 보였다. 정문 근처의 키 큰 풀밭에 몸을 숨긴 채 재클린이 마피아들을 살펴보았다.

"흐음…… 입구를 통과하는 것부터가 만만치가 않겠는데."

모기에게 물려 한쪽 눈이 퉁퉁 부어오른 리사가 속삭였다.

"공장 안으로 들어가는 건 위험하다니까."

"그래도 들어가야 해."

"재클린!"

부우웅!

이때 차량 엔진음이 들려왔다. 놀라 돌아보는 리사의 눈에 전조등을 밝힌 채 터덜거리며 달려오는 트럭 한 대가 보였다. 아마도 완성된 타이어를 실으러 오는 트럭인 것 같았다. 정문 앞에 정지한 트럭을 뚫어져라 보던 재클린이 쏜살같이 뛰어나갔다.

"저 트럭에 숨어서 들어가자."

"재클린, 안 돼!"

리사도 얼결에 재클린을 따라갔다. 트럭 기사와 마피아들이 킬킬거리며 농담을 주고받는 사이 두 사람은 용케 들키지 않고 트럭 짐칸으로 숨어들었다.

부르릉!

잠시 후 트럭이 다시 움직였다. 덜컹거리는 트럭 안에서 리사와 재클린은 숨을 죽이고 있었다. 당장이라도 마피아들이 트럭을 세우고 안을 들여다볼 것만 같아 심장이 두근거렸다. 다행히 두 사람은 무사히 공장 안으로 잠입할 수 있었다.

트럭이 정지하자마자 리사와 재클린은 훌쩍 뛰어내렸다. 트럭은 사방에 타이어가 산처럼 쌓인 커다란 창고 한복판에 멈춰 있었다. 하나같이 피곤한 얼굴의 흑인 노동자들이 트럭에 타이어를 싣기 위해 어슬렁거리며 다가왔다. 다행히 그들 중 누구도 리사와 재클린에게 관심을 갖지는 않았다.

창고 밖으로 나오자마자 두 사람은 빨랫줄에 걸려 있는 노동자들의 작업복을 발견했다. 재빨리 작업복을 걸치고 모자를 눌러쓴 리사와 재클린이 공장 안을 헤집고 돌아다녔다. 군데군데 마피아들의 모습이 보였지만 수상한 점은 발견할 수 없었다.

"후우…… 이젠 정말 포기해야 하는 건가?"

재클린이 어깨를 축 늘어뜨렸다. 이때 뭔가를 발견한 리사의 눈이 반짝했다.

"재클린, 저길 봐!"

"응?"

노동자 두 명이 마피아들에게 둘러싸인 채 창고 뒤편으로 끌려가고 있는 게 보였다. 불안한 눈으로 주위를 두리번거리는 노동자들을 뚫어져라 쳐다보던 재클린이 재빨리 걸음을 옮겼다.

"따라가자."

7 세기의 결혼식

퍼퍽!

대여섯 명의 마피아가 땅바닥에 쓰러진 두 흑인 노동자를 짓밟고 있었다.

"이 자식들, 감히 노조에 가입했겠다!"

"노조에 가입하면 가만두지 않겠다고 했을 텐데?"

찰칵!

플래시 불빛이 번뜩인 것은 그때였다. 마피아들이 눈을 동그랗게 뜨고 카메라를 들고 있는 재클린과 리사를 돌아보았다. 재클린이 카메라를 내리며 씨익 웃었다.

"모두들 매우 잘 나왔어요."

"저것들 붙잡아!"

"꺄아악!"

득달같이 쫓아오는 마피아들을 피해 재클린과 리사가 걸음아 나 살려라 도망치기 시작했다.

"리사, 무조건 달려!"

"으아아! 거기서 무작정 사진을 찍으면 어떡해?"

"그럼 그 좋은 증거를 포기하란 말이야?"

"재클린은 정말 대책이 없는 사람이구나!"

정신없이 달리던 재클린의 눈에 주차되어 있는 차 한 대가 닥쳐들었다.

"저 차를 타고 도망치자!"

"재클린, 운전할 줄 알아?"

"당연하지!"

"하지만 키가 안 꽂혀 있을 수도 있잖아?"

"어차피 이판사판이야."

재클린과 리사가 각각 운전석과 조수석으로 올라탔다. 천만다행으로 키가 꽂혀 있었다.

부르르릉-!

시동을 걸자마자 재클린이 차를 급출발시켰다.

"스톱! 스톱!"

정문을 지키던 마피아들이 막아섰지만 재클린은 그대로 밀고나갔다. 무서운 속도로 차를 모는 재클린을 리사가 눈을 동그랗게 뜨고 돌아보았다.

"재클린, 제법인데!"

"이래봬도 F1 대회에 나가보라는 소리까지 들었던 몸이라구."

리사와 재클린이 서로를 돌아보며 씨익 웃었다. 그러나 웃음은 오래가지 못했다. 뒷차창에서 강렬한 전조등 불빛이 비쳤기 때문이다. 룸미러를 보니 마피아들이 세 대의 차에 나눠 타고 쫓아오고 있었다.

리사의 목소리가 다시 급박해졌다.

"재클린, 마피아들이야!"

"젠장, 나도 알아!"

어둠을 뚫고 쫓고 쫓기는 한밤의 추격전이 치열하게 전개되었다.

케네디 의원의 사무실 앞에는 아침부터 시위대가 잔뜩 몰려와 있었다. 그들은 난폭한 흑인 노동자를 편들고, 선량한 백인 고용주를 괴롭히는 상원의원의 사퇴를 요구했다.

"케네디는 물러나라!"

"케네디는 사퇴하라!"

"케네디는 흑인의 편이다!"

창밖에서 성난 구호가 들려오는 가운데 케네디는 사무실 소파에 피곤한 얼굴로 앉아 있었다. 그의 맞은편에는 민주당의 원로 의원 두 명이 있었다. 원로들은 케네디의 얼굴을 똑바로 쳐다보며 결단을 요구했다.

"존, 이제 결정을 내려줘야겠네."

"고집을 꺾지 않으면 의원직을 포기해야 할지도 몰라."

"으음……."

골치 아픈 듯 손으로 이마를 매만지던 케네디가 고개를 번쩍 쳐들었다.

"제게는 두 가지 신념이 있습니다. 미합중국이 더 좋은 나라가 되기 위해선 국민들의 인권을 보호하고, 노동환경을 개선해야 한다는 것입니다. 월셔 타이어는 흑인 노동자들을 철저히 탄압해온 회사입니다. 이런 자들과 타협한다면 저는 결국 정치를 하는 목적을 잃어버리게 될 겁니다."

"존, 고집을 부릴 때가 아닐세. 자네 때문에 당 전체의 지지율이 떨어지고 있어."

"당에 해가 되는 일은 하지 않겠습니다."

"자네 설마……?"

"예, 저는 오늘 부로 상원의원직에서 스스로 물러나려고 합니다."

"……!"

두 원로 의원이 충격으로 눈을 부릅떴다.

콰앙!

누군가 방문을 박차고 뛰어든 것은 그때였다. 케네디가 땀투성이 얼굴로 들어선 리사와 재클린을 발견하고 엉거주춤 일어섰다.

"리사! 재클린! 대체 무슨 일이야?"

재클린이 카메라를 들어 올리며 숨을 헐떡였다.

"의원직에서 물러날 필요 없어요. 월셔 타이어에서 마피아들을 동원해 흑인 노동자들을 폭행하는 장면을 카메라에 담아 왔거든요."

"재클린……!"

케네디가 입을 쩍 벌렸다.

"이것들, 여기 있었구나!"

"카메라 당장 내놓지 못해?"

이때 마피아 대여섯이 숨을 헐떡이며 사무실 안으로 몰려 들어왔다. 마피아들이 카메라를 빼앗으려고 하자 재클린과 리사는 격렬하게 저항했다. 케네디가 재빨리 마피아들의 앞을 가로막았다.

"이곳은 상원의원의 사무실이야. 당장 물러가지 않으면 모조리 경찰에 넘겨버리겠어!"

마피아들이 눈을 치켜떴다.

"어디 경찰을 불러보시지?"

"그런다고 누가 무서워할 줄 알고?"

그러자 민주당의 두 원로 의원까지 케네디의 양옆에 버티고 섰다.

"우린 민주당의 원로 의원들이오."

"썩 물러가지 않으면 당신들 보스까지 감방에 처넣을 줄 아시오."

"으음……."

마피아들이 그제야 기가 꺾여 신음을 흘렸다. 재클린과 리사를 번갈아 째려보던 마피아들이 휙 돌아서서 사무실을 빠져나갔다.

"메롱!"

리사가 마피아들의 뒷모습을 향해 혀를 날름 내밀었다.

마피아들이 사라지자마자 케네디가 재클린을 향해 돌아섰다.

"재클린, 나는 당신을 실망시키기만 했는데 이런 위험까지 무릅썼군."

"우리는 아직 약혼한 사이예요. 상대방이 위기에 처했을 때는 돕는 게 당연해요."

"재클린, 당신을 힘들게 했던 나를 용서해주겠어?"

"……."

재클린은 선뜻 대답하지 않고 케네디의 얼굴을 빤히 보았다. 리사는 재클린이 왜 빨리 그러겠다고 대답하지 않는지 마음이 조급했다. 그런데 재클린이 뜻밖에도 고개를 가로젓는 것이 아닌가.

"아뇨, 나는 우리가 하루빨리 파혼하기를 바라요."

"뭐, 뭐라고?"

케네디와 리사가 동시에 새된 소리를 질렀다. 한동안 멍하니 굳어 있던 케네디가 간신히 입을 달싹였다.

"아아…… 나는……."

리사가 재클린의 팔을 붙잡았다.

"재클린, 대체 왜 이래?"

"카메라는 여기 놓고 갈게요."

재클린이 리사의 팔을 뿌리치고 뛰쳐나갔다. 재클린이 나간 후에도 케네디는 우두커니 서서 입도 벙긋하지 못했다. 잠시 후, 그의 입가에 자조 섞인 미소가 떠올랐다.

"우리 사이가 이제는 정말 끝장난 모양이군."

리사가 빽 소리쳤다.

"포기하면 안 돼요!"

"하지만 리사도 들었잖아. 재클린은 파혼을 원하고 있어."

"어쩌면 재클린은 존의 진정한 사과를 바라고 있을지도 몰라요."

"진정한 사과라고……?"

혼란스러워하는 케네디를 향해 리사가 말을 이었다.

"여자의 마음은 그렇게 쉽게 풀리지 않아요. 남자가 자신을 진심으로 사랑하고 있다는 믿음이 생기지 않으면 절대로 마음을 열지 않는다고요."

"흐음…… 자신을 사랑한다는 믿음이 필요하단 말이지?"

케네디가 턱을 매만지며 심각하게 중얼거렸다.

그날 저녁 재클린은 혼자 호텔에 있었다. 그녀는 불 꺼진 방에서 창가 쪽 안락의자에 앉아 노을에 물든 하늘을 멍하니 바라보았다. 문득 재클린의 눈가가 붉어졌다. 케네디에게 헤어지자고 말했지만 진심은 아니었던 것이다.

"아아…… 나도 이제 어떻게 하면 좋을지 정말 모르겠어."

재클린이 눈물을 글썽이며 한숨 섞인 목소리로 중얼거렸다.

똑똑!

노크소리가 들리자 재클린이 문을 쳐다보았다.

"누구세요?"

"……."

대답하는 소리가 들리자 않자 재클린이 고개를 갸웃하며 문을 향해 걸어갔다.

"밖에 누구시냐고요?"

"룸서비스입니다."

"룸서비스 같은 걸 시킨 적이 없는데……."

재클린이 고개를 갸웃하며 문을 열었다. 동시에 밖에서 기다리던 케네디가 뛰어들어왔다.

"존, 당신!"

당황하여 한 걸음 주춤 물러서는 재클린 앞에 케네디가 털썩 무릎을 꿇었다. 재클린이 그런 그를 황당한 듯 내려다보았다.

"지, 지금 뭐하자는 거예요?"

당황하는 재클린 앞에서 케네디가 영롱하게 빛을 발하는 다이아몬드 반지를 꺼냈다. 재클린에게 반지를 바치며 케네디가 떨리는 목소리로 말했다.

"재클린, 당신도 알다시피 나는 많이 부족한 남자야. 하지만 당신에 대한 사랑만은 한 번도 변한 적이 없다고 자신 있게 말할 수 있어. 염치없지만 이렇게 부족한 나와 결혼해주지 않겠어?"

"……!"

재클린이 마른하늘 아래서 날벼락을 맞은 사람 같은 표정으로 케네디의 모습을 바라보았다. 케네디의 눈동자에 오늘만큼은 진심이 가득해 보였다. 그의 눈을 마주하며 재클린의 마음 속에서는 두 개의 감정이 소용돌이치고 있었다. 케네디를 믿고 싶은 마음과 그를 믿어서는 안 된다는 마음!

'아아…… 이 청혼을 어떻게 하면 좋아……?'

두 눈을 지그시 감은 채 떨리는 가슴을 꼭 움켜쥐고 있던 재클린이 한참만에야 천천히 눈을 떴다. 그녀의 눈동자는 더 이상 흔들리지 않았다. 착 가라앉은 시선으로 잔뜩 긴장한 케네디의 얼굴을 응시하던 재클린이 또박또박 말했다.

"존 피츠제럴드 케네디…… 당신의 청혼을 받아들이겠어요!"

"사랑하오, 재클린!"

케네디가 박차고 일어서며 재클린의 가느다란 허리를 안았다. 뜨겁게 입을 맞추는 두 사람의 눈에서 기쁨의 눈물이 흘러내렸다.

"어쩜……!"

어느새 방 안으로 들어온 리사가 두 손을 맞잡은 채 감탄사를 발했다. 리사는 이번만큼은 두 사람이 어떤 갈등도 없이 행복해질 수 있으리라 확신했다.

1953년 가을, 케네디와 재클린은 마침내 결혼식을 올렸다. 결혼식은 로드아일랜드의 카톨릭 교회에서 엄숙하고도 성대하게 거행되었

다. 장래가 촉망되는 젊고 핸섬한 상원의원과 명문가 태생의 신문기자 출신 아가씨의 결합은 세기의 결혼식으로 전 미국을 떠들썩하게 만들었다. 하객만 해도 육백 명이 넘었다. 민주당과 공화당을 가리지 않고 유력한 정치인들과 재계의 실력자들이 교회를 가득 채웠다.

케네디가 늘씬한 몸에 꼭 맞는 검은색 예복과 세련된 밝은 넥타이를 매고 등장하자 객석에서 박수와 환호가 터져 나왔다.

"와아아!"

"신랑, 멋지다!"

뒤이어 물결무늬 실크 소재의 크림색 드레스와 진주 목걸이, 오렌지 꽃 장식의 왕관, 레이스 베일의 코디네이션으로 치장한 재클린이 등장하자 객석은 순식간에 침묵에 휩싸였다. 수줍은 미소를 머금은 신부의 모습은 너무 아름다워서 하객들은 박수를 치는 것조차 잊어버리고 말았다.

"어쩜, 저렇게 눈부실 수가!"

"세상에서 가장 아름다운 신부야."

"과연 케네디 의원과 어울리는 신붓감이로군."

마침내 존 피츠제럴드 케네디와 재클린 부비에가 식을 주관하는 신부 앞에 섰다. 나란히 서 있는 것만으로도 두 사람에게선 눈부신 아우라가 풍기는 것 같았다. 긴 기도를 끝마친 신부가 케네디를 향해 물었다.

"신랑 존은 신부 재클린을 평생 사랑하고 보살필 것을 신 앞에서 맹세합니까?"

"예, 맹세합니다."

"신부 재클린은 신랑 존을 평생 사랑하고 존경할 것을 신 앞에서 맹세합니까?"

"예, 맹세합니다."

신부가 두 팔을 벌리며 인자하게 미소 지었다.

"이것으로 존과 재클린이 부부가 되었음을 전능한 신 앞에서 엄숙히 선언합니다. 신랑과 신부 키스하세요."

오직 그 말을 기다렸다는 듯 재클린과 케네디가 뜨겁게 입을 맞추었다. 남자들은 부러움이 가득한 눈으로, 여자들은 살짝 질투심이 섞인 눈으로 세상에서 가장 아름다운 신랑과 신부를 바라보았다.

리사도 감격에 겨운 표정으로 중얼거렸다.

"부디 지금 이 순간을 잊지 말고 영원히 행복하기를……."

결혼 직후, 케네디는 다시 바빠졌다. 두 사람은 워싱턴에 신혼집을 얻었는데 케네디는 주말이면 지역구인 매사추세츠주의 사무실에서 대부분의 시간을 보냈다. 그렇다고 평일에 일찍 귀가하는 것도 아니었다. 그는 거의 매일 밤늦게까지 의원실에 머물렀고, 후원회나 정책 설명회 등에 참석했다. 다시 재클린에 대한 사랑이 식어서가 아니라 보다 큰 꿈을 이루기 위해 노력하고 있기 때문이었다.

당연히 재클린이 집에서 혼자 보내는 시간이 늘어났다. 그러나 재클린은 예전처럼 불안해 하거나 불행해 보이지 않았다. 그녀는 언제나 즐거운 마음으로 남편을 기다렸고, 케네디가 돌아오면 환한 미소로 반겨주었다.

그런 재클린이 이상해서 리사가 물어보았다.

"재클린, 요즘도 혼자 보내는 시간이 많은데 왜 예전처럼 힘들어 하지 않아?"

재클린이 희미하게 미소 지으며 대답했다.

"예전에는 존에 대한 믿음이 부족했던 것 같아. 하지만 그날의 청혼 이후, 어떠한 순간에도 그가 날 사랑하고 있다는 믿음이 생겼지. 덕분에 섭섭한 마음을 참으며 조금 더 나은 세상을 만들려는 그에게 작은 도움이라도 주려고 노력하게 되었어."

"이래서 사람들이 결혼을 하는 거구나? 두 사람 정말 옛날보다 훨씬 좋아 보여."

"후훗! 꼬맹이 아가씨가 못 하는 소리가 없네."

"아얏!"

재클린이 손가락으로 리사의 콧잔등을 때리며 장난스럽게 웃었다.

바쁜 와중에도 케네디는 집필 활동을 시작하여 57년에는 역대 미국의 영웅적인 의원들의 활약상을 적은 '용기 있는 사람들'이라는 저서로 풀리처상을 수상하기도 했다.

58년에 케네디는 상원의원으로 재선에 성공했다. 재클린은 최선을 다해 남편의 선거를 도왔다. 젊은 상원의원의 매력적인 아내는 의원

본인만큼이나 인기가 높았고, 그녀의 열성적인 선거운동은 남편의 재선에 큰 보탬이 되었다.

　재선에 성공한 케네디는 드디어 미합중국의 대통령을 바라보기 시작했다.

　어느 날 저녁, 모처럼 워싱턴 집의 식탁에 재클린, 리사와 둘러앉아 식사 중이던 케네디가 진지한 목소리로 말했다.
　"이번 대통령 선거에 출마해볼 생각이야."
　"……!"
　재클린과 리사가 눈을 동그랗게 뜨고 케네디의 얼굴을 쳐다보았다. 한참만에야 리사가 고개를 갸웃했다.
　"대통령 선거에 나가기에는 솔직히 존은 너무 젊지 않나요?"
　"그럴지도 모르지."
　잔잔히 미소 짓는 케네디를 대신해 재클린이 설명했다.
　"어쩌면 젊고 참신하다는 게 존의 가장 큰 매력일지도 몰라. 사람들은 아이젠하워 대통령의 낡은 정치에 염증을 느끼고 있거든."
　케네디가 냅킨으로 입가를 닦았다.
　"젊다는 것 외에도 내게는 커다란 약점이 한 가지 있어."
　"그게 뭔데요?"
　"바로 나와 우리 가문이 카톨릭교도라는 사실이지."
　"종교와 정치는 상관없지 않나요?"

"미국은 개신교도들이 세운 프로테스탄트 국가야. 이런 나라에서 프로테스탄트를 탄압했던 카톨릭을 믿는 정치인이 대통령이 된다는 건 불가능에 가깝지."

"흐음, 그럴 수도 있겠군요."

고개를 끄덕이던 재클린 옆에서 리사가 물었다.

"어차피 낙선할 거라면 왜 굳이 출마하려는 거죠?"

케네디가 리사를 향해 싱긋 웃었다.

"그건 내게 약점을 덮고도 남을 만한 확실한 구호가 있기 때문이야. 선거는 결국 국민들의 마음을 움직일 구호를 만드는 사람이 승리하게 되어 있거든."

이번엔 재클린이 질문했다.

"그 구호란 게 대체 뭔데요?"

"뉴 프런티어!"

"뉴 프런티어……?"

케네디의 눈이 빛을 발했다.

"프런티어는 개척자라는 뜻이야. 나는 현재 우리 미국이 직면한 모든 문제를 해결하기 위해선 건국 초의 개척 정신과도 같은 국민의 희생정신이 필요하다고 생각해. 나와 참모들은 이걸 뉴 프런티어라고 부르기로 했지."

리사가 고개를 갸웃했다.

"미국은 부유한 나라 아닌가요? 국민들의 희생이 필요할 만큼 무슨 문제가 그렇게 많다는 거죠?"

케네디를 대신해서 재클린이 답했다.

"리사의 말대로 원래 빈곤 문제는 그렇게 심각하게 생각되지 않았어. 왜냐하면 미국의 빈민자들은 대부분 이민자들이기 때문에 빈곤 상태는 몇 년간의 정착 기간만 지나면 해결되는 것으로 생각되었거든. 그런데 현재의 빈민은 이전의 빈민과는 성격이 완전히 달라졌어. 새로운 빈민은 빈곤 상태에서 다시는 벗어나지 못할 뿐만 아니라, 자손들에게 계속 물려주는 영구적인 빈민이 되어버렸기 때문이야."

케네디가 재클린의 말을 이어받았다.

"이전 공화당 정부는 빈곤 문제를 철저히 개인의 문제라고 생각했어. 반면에 나는 정부가 적극적으로 나서서 빈곤 문제를 해결해야 한다고 생각해. 이 과정에서 세금을 늘리는 등 국민들의 희생이 따라야 하기 때문에 뉴 프런티어 정신이 필요하다는 거지. 나는 뉴 프런티어에 걸맞은 구체적인 실행정책으로 인종차별 철폐와 노인 빈곤 퇴치, 빈민 의료보험 도입 등을 추진할 계획이야."

확신에 찬 케네디의 얼굴을 재클린과 리사가 멍하니 쳐다보았다. 재클린이 진심으로 감동받은 표정을 지었다.

"정말 훌륭해요, 존. 이 정도면 충분히 해볼 만하겠어요."

"당신이 그렇게 말해주니 정말 든든하군. 늘 나를 믿어줘서 고마워, 재클린."

자신의 손을 잡는 케네디를 향해 재클린이 사랑스럽게 미소 지었다.

"당신의 꿈은 곧 나의 꿈인 걸요. 이번에도 힘닿는 데까지 도울게요."

"사랑해, 재클린."

"사랑해요, 존."

탕! 탕!

"밥 먹을 때는 키스 금지!"

리사가 손바닥으로 식탁을 두드리며 심술을 부렸다.

"당원 여러분, 지금 우리에게 필요한 것은 뉴 프런티어 정신입니다! 새로운 개척자 정신으로 갈등을 해결하고, 새롭게 도약합시다!"

케네디의 뉴 프런티어 정신은 큰 반향을 일으켜 1960년 드디어 젊은 상원의원을 민주당 대통령 후보로 만들었다. 공화당은 아이젠하워 정부에서 부통령이었던 리처드 닉슨을 케네디에 맞설 후보로 내세웠다. 닉슨은 자수성가한 변호사 출신으로 미국의 청교도주의와 전통적인 사상을 가지고 있었다. 그는 케네디가 청교도주의자들을 박해했던 카톨릭 신자라는 사실을 우회적으로 비판하며 압박을 가했다. 이에 맞서 케네디는 뉴 프런티어 구호로 맞섰다. 선거는 초반에는 닉슨이 앞서나가기 시작했다. 아무리 뉴 프런티어 정신을 앞세웠다고는 하지만 닉슨에 비해 경력도 짧고, 카톨릭 신자인 케네디가 승리할 확률은 희박해 보였다. 선거가 다가올수록 판세는 점점 더 불리해졌다. 이제 기적이 일어나지 않으면 케네디의 패배를 막을 수 없을 것 같았다.

그런데 대통령 선거를 불과 두 달 앞둔 1960년 9월, 정말 기적이 일어났다. 그리고 그 기적을 만들어낸 사람은 다름 아닌 케네디 후보의 아내인 재클린이었다.

8
운명의 TV토론

"우리 TV토론을 제안하도록 해요!"

암울한 분위기가 감돌던 케네디의 선거 사무실에 들이닥친 재클린이 불쑥 말했다. 케네디를 중심으로 기다란 테이블에 피곤한 얼굴로 둘러앉아 있던 열 명도 넘는 참모들이 황당한 눈으로 재클린을 쳐다보았다. 형을 도와 참모진에 합류한 케네디의 두 남동생 로버트와 에드워드도 비슷한 표정으로 형수를 바라보았다.

로버트가 먼저 심드렁한 얼굴로 입을 열었다.

"TV가 등장한 지 얼마 되지도 않았어요. 유권자들 대부분은 TV가 아니라 라디오를 듣는다고요."

재클린이 단호하게 고개를 가로저었다.

"나는 기자 출신이기 때문에 미디어의 변화에 대해 잘 알고 있어요.

우리가 잘 몰라서 그렇지 사람들은 이미 라디오보다는 화면으로 말하는 사람을 직접 볼 수 있는 TV에 열광하기 시작했어요."

에드워드가 어깨를 으쓱했다.

"글쎄요, 나는 왜 그런 소문을 못 들었을까요?"

눈치를 살피던 다른 참모들까지 에드워드를 거들고 나섰다.

"TV토론은 별 소용이 없을 겁니다."

"너무 갑작스런 전략 변경은 선거전 전체에 악영향을 끼칠 수 있습니다."

"닉슨은 공화당의 이론가입니다. 섣불리 토론회에 나섰다가 우리 후보가 당할 수도 있어요."

쾅!

"어차피 이대로 시간이 흐르면 존이 패배하게 되잖아요!"

재클린이 손바닥으로 테이블을 내리치는 순간, 시끄럽게 떠들던 참모들이 일제히 입을 다물었다. 재클린이 손을 뻗어 가운데 자리에 비스듬히 앉아 있는 케네디를 가리켰다.

"존을 보세요. 그는 닉슨에 비해 젊고 생기가 넘쳐요. 일단 TV 화면에 닉슨과 나란히 등장하기만 해도 유권자들은 존에게 호감을 느낄 거예요."

"으음……."

하지만 로버트와 에드워드를 비롯한 모든 참모들은 여전히 부정적인 표정이었다. 리사는 재클린의 주장이 설득력이 있다고 생각했다.

그녀는 이미 지난 상원의원 선거에서 케네디에게 큰 도움을 준 경험이 있었다. 리사와 참모들의 시선이 케네디에게 집중되었다. 어차피 결정은 당사자인 그가 내려야 한다.

"……."

케네디가 한동안 말없이 재클린의 얼굴을 뚫어져라 보았다. 재클린도 남편의 얼굴을 응시했다.

"재클린."

"예."

"정말 우리가 TV토론으로 불리한 판세를 뒤집을 수 있다고 생각하는 거요?"

"적어도 나는 그렇게 믿고 있어요."

"좋아, 그렇다면 TV토론을 진행해보자고."

깜짝 놀란 로버트와 에드워드가 소리쳤다.

"안 돼, 존!"

"지금에 와서 선거 전략을 바꿀 순 없어!"

참모들도 말리고 나섰다.

"어차피 우리가 제안해도 닉슨이 응하지 않을 겁니다!"

"자신이 이기고 있는데 뭐하러 토론 따위에 응하겠습니까?"

"아아…… 모두 진정들 하지."

케네디가 스윽 손을 들어 모두의 입을 막았다. 한동안 참모들의 얼굴을 둘러보던 케네디가 확고한 목소리로 말했다.

"나는 나의 아내 재클린을 세상 그 누구보다 믿고 있어. 만에 하나 그녀의 주장대로 했다가 패배한다 해도 아쉽지는 않을 거야. 하지만 그녀의 말을 따르지 않았다가 패배한다면 그건 정말 견딜 수 없을 것 같아."

"존, 당신……!"

재클린이 감동받은 눈으로 케네디를 보았다. 케네디도 신뢰 가득한 눈으로 재클린을 보았다. 서로를 완벽하게 믿고 있는 두 사람을 지켜보며 더 이상 누구도 TV토론을 반대하지 못했다.

그러나 재클린의 야심찬 계획은 며칠 지나지 않아 난관에 부딪혔다. 참모들의 예상대로 닉슨 후보 측에서 TV토론 요구를 단숨에 거절해버린 것이다.

"우리가 이기고 있는데 왜 그런 모험을 감행해야 하지? 케네디 후보는 혹시 우리를 바보로 알고 있는 건가?"

닉슨 쪽 홍보 담당자는 케네디 쪽의 요구를 노골적으로 비웃었다고 전해졌다.

좋지 않은 소식을 케네디와 재클린은 오전에 선거 사무실 근처의 레스토랑에서 브런치를 먹으며 전해 들었다. 케네디가 커피 잔을 내려놓으며 대수롭지 않다는 반응을 보였다.

"흐음, 역시 그렇게 나오는군."

"……."

재클린은 아무 말 없이 골똘히 생각에 잠겨 있었다. 케네디와 재클린 사이에 앉은 리사는 왠지 분위기가 무겁게 가라앉자 안절부절못했다. 리사가 브런치로 먹고 있던 햄 샌드위치를 뒤적이며 작은 소리로 중얼거렸다.

"어차피 TV토론은 안 되겠네, 뭐."

"아니, 반드시 해야 해."

"!"

　단호한 얼굴의 재클린을 케네디와 리사가 흠칫 쳐다보았다. 케네디가 위로를 건넸다.

"재클린, 너무 무리하지 마. 닉슨이 받아들이지 않으리란 건 어느 정도 예상하고 있었잖아."

"물론 닉슨이 우리 제안을 거절하는 건 당연해요. 그렇다고 해서 우리까지 당연하게 포기해야 하는 건 아니에요."

"하지만 방법이 없잖아?"

"방법이 없으면 만들면 돼요."

"그게 무슨……?"

　재클린이 박차고 일어섰다.

"닉슨이 TV토론에 응하는 문제는 나한테 맡겨줘요. 가자, 리사."

"응? 어, 어딜?"

　리사가 샌드위치를 입에 문 채 빙글 돌아서서 걸음을 옮기는 재클린을 헐레벌떡 쫓아갔다.

재클린이 향한 곳은 자신이 근무하던 신문사 '타임 헤럴드'였다. 재클린과 함께 신문사의 로비를 가로지르며 리사가 의아한 듯 물었다.

"재클린, 갑자기 신문사에는 왜 들른 거야?"

"닉슨 후보가 TV토론을 하도록 만들겠다고 했잖아."

"하지만 여긴 방송국이 아니라 신문사잖아."

"리사는 나를 믿지?"

"그야 물론……."

"그럼 나를 믿고 따라와 줘."

재클린이 리사의 머리를 쓰다듬으며 의미심장하게 웃었다.

"오, 재클린! 이게 얼마만이야?"

편집부로 들어가자 예전에 함께 근무했던 편집장이 재클린을 반갑게 맞아주었다. 재클린을 안으려던 그가 문득 멈칫했다.

"아차차! 이제는 우리 신문사의 기자가 아니라 대통령 후보의 부인이시지?"

재클린이 싱긋 웃었다.

"편집장님, 그냥 예전처럼 편하게 대해주세요."

"그, 그래도 될까?"

"그럼요. 우린 절친한 동료였는걸요."

그렇게 말하며 재클린이 실제로 친근감을 표현하려는 듯 편집장의 팔을 툭 쳤다. 헤벌레 웃는 편집장을 보며 리사는 재클린에게 무언가 의도가 있음을 알아차렸다.

편집장의 사무실에서 마주앉게 되자 재클린은 단도직입적으로 찾아온 목적을 꺼냈다.

"편집장님이 저를 좀 도와주셔야겠어요."

"갑자기 그게 무슨 말이야?"

"제 남편이 공화당의 닉슨 후보에 비해 열세인 걸 알고 계시죠?"

"그야 모든 미국인이 알고 있지."

"존과 저는 판세를 뒤집기 위해 닉슨 후보 측에 TV토론을 제안했어요."

"흐음, 그거 괜찮은 방법인 것 같군. 하지만 닉슨 후보가 TV토론을 받아들일까?"

고개를 갸웃하는 편집장을 향해 재클린이 말했다.

"타임 헤럴드에서 국민의 알 권리를 위해 TV토론이 반드시 필요하다는 기사를 내보내주세요. 그럼 닉슨 후보도 생각이 바뀔 거예요."

"뭐, 뭐라고?"

너무 놀라 입을 쩍 벌리는 편집장의 얼굴을 보며 리사는 그럴 줄 알았다는 듯 고개를 끄덕였다. 재클린은 예전의 직장을 이용해서 닉슨 후보를 압박하려는 것이다. 하지만 편집장이 순순히 받아들일 리가 없었다.

"미안하지만 재클린, 신문은 중립을 지켜야한다고. 케네디 후보에게 일방적으로 유리한 기사를 내보낼 수는 없어."

"국민들은 대통령 후보자에 대해 더 많은 정보를 가질 권리가 있어요. 이게 어떻게 존에게 일방적으로 유리하다는 거죠?"

"그래도 곤란해."

"으음……."

신음을 흘리던 재클린이 고개를 설레설레 흔들었다.

"정말 실망이에요. 편집장님이 이렇게 은혜도 모르는 분인 줄은 몰랐어요."

"그, 그게 무슨 소리야?"

"몇 년 전의 일을 벌써 잊으신 거예요? 편집장님이 아직 일반 기자일 때 특종 사진을 분실해서 회사에서 쫓겨날 뻔한 적이 있었잖아요. 그날 밤새 함께 거리를 헤매며 잃어버린 사진을 되찾아준 사람이 누구였죠?"

"으으…… 그날의 일을 끄집어낼 줄이야……!"

편집장이 손수건으로 이마의 땀을 닦으며 재클린을 쳐려보았다. 여유 있게 미소 짓는 재클린을 보며 리사는 이 싸움이 그녀의 승리로 끝났음을 알았다.

다음 날 TV토론을 지지하는 기사가 큼직하게 실린 조간신문이 뿌려졌다. 그러자 다른 신문사들도 앞다퉈 국민의 알 권리를 위해 닉슨 후보가 TV토론을 받아들여야 한다는 기사를 내보냈다. 그래도 닉슨 후보는 요지부동이었다. 그는 이 상태로 승리를 굳히려는 것 같았다. 어쩌면 당연한 전략이었다.

"으음…… 이대로는 안 돼. 조금 더 획기적인 방법이 필요해."

초조한 듯 턱을 어루만지며 고민하던 재클린이 갑자기 손가락을 튕겼다.

"맞아, 그런 방법이 있었지!"

"무슨 방법?"

"일단 존을 만나러 가자!"

재클린이 리사의 손을 잡고 케네디의 사무실로 뛰어들었다.

케네디는 두 동생인 로버트, 에드워드와 함께 오후에 있을 '뉴욕타임즈'의 인터뷰를 준비 중이었다.

"오, 재클린! 어서 와."

"존, 할 말이 있어요."

"뭔데 그리 급하지?"

"오후에 그레이스 호텔에서 뉴욕타임즈와 인터뷰가 예정돼 있죠?"

"응, 닉슨도 함께 참석할 예정이야."

재클린이 주먹을 불끈 쥐었다.

"이건 신이 우리에게 주신 기회예요."

"그게 무슨 소리야?"

"존, 닉슨과 함께 하는 이번 인터뷰를 완전히 망쳐버려야 해요."

케네디는 물론 로버트와 에드워드도 황당한 표정을 지었다.

"뭐라고요?"

"대체 왜요?"

재클린이 눈을 반짝이며 설명했다.

"그래야 닉슨 후보가 존의 토론 능력이 형편없다고 믿고 TV토론에 응할 테니까요."

"말도 안 돼요! 뉴욕타임즈 인터뷰도 중요하다구요!"

"뉴욕타임즈 독자가 얼마나 많은지 아십니까?"

로버트와 에드워드가 발끈했지만 재클린은 단호했다.

"아무리 그래도 TV토론만큼 중요하지는 않아요."

골똘히 생각에 잠겨 있던 케네디가 이번에도 재클린의 손을 들어주었다.

"좋아, 한번 해보자."

"형, 안 돼!"

"너무 위험해!"

케네디가 두 동생을 설득했다.

"재클린의 말대로 뉴욕타임즈 인터뷰가 선거 판세를 바꿔놓을 수는 없어. 그렇다면 모험을 걸어보는 수밖에 없지 않을까?"

"후우우……."

로버트와 에드워드가 한숨을 푹 내쉬며 원망스런 눈초리로 재클린을 쳐다보았다.

닉슨 후보와 동시에 진행한 인터뷰에서 케네디는 기자의 질문에 엉뚱한 답변을 쏟아냈다. 그가 하도 실수를 많이 범하자 기자가 억지로 웃으며 이렇게 묻기까지 했다.

"케네디 후보님은 아무래도 지난밤에 마신 술이 아직 덜 깬 모양이군요?"

"하핫! 그런 모양입니다."

자신을 비웃는 소리에도 너털웃음을 터뜨리는 케네디를 훨씬 나이가 많고 완고한 인상의 닉슨이 한심한 듯 쳐다보았다. 약간 떨어진 곳에서 그들의 모습을 재클린과 나란히 지켜보며 리사는 어쩌면 닉슨이 TV토론을 받아들일지도 모른다고 생각했다.

잠시 후, 인터뷰를 끝마친 닉슨이 참모들에게 둘러싸인 채 호텔 밖으로 나왔다. 닉슨이 나란히 걷고 있는 홍보 담당 비서에게 말했다.

"케네디 측의 TV토론 제안을 받아들이도록 하게."

"예에? 이대로 가면 우리가 이길 텐데 뭐하러 그럽니까?"

"TV토론을 한다고 해서 내가 저런 얼간이한테 패하겠나? 이번 기회에 완전한 승기를 잡자는 거야."

"아, 알겠습니다."

"꺄오! 드디어 해냈다!"

닉슨이 TV토론을 받아들였다는 소식이 전해지자 재클린과 리사는 손을 맞잡고 껑충껑충 뛰었다. 어린 소녀처럼 기뻐하는 재클린을 어리둥절한 참모들과 함께 지켜보던 케네디가 말했다.

"이번 TV토론의 총책임자는 재클린이 맡아줘."

"정말요?"

"여기까지 온 것도 당신 덕분이잖아."

"좋아요. 우리 남편이 얼마나 근사한 후보인지 전 국민에게 확실히 보여주겠어요."

주먹을 불끈 쥐는 재클린이 믿음직한지 케네디가 흡족하게 미소 지었다.

"나는 우리 미합중국이 직면한 위기를 타개하기 위해서는 뉴 프런티어 정신이 필요하다고 생각합니다. 뉴 프런티어란 새로운 개척자 정신을 뜻하는데……."

케네디는 뉴욕으로 이동하는 유세용 버스 안에서 TV토론을 위한 원고를 읽고 있었다. TV토론은 9월에서 10월에 걸쳐 총 네 번 실시하기로 정해졌다. 닉슨은 모든 일정을 중단하고 첫 번째 TV토론에 집중하고 있었지만 케네디는 평소처럼 유세 일정을 소화하면서 이동하는 비행기나 차 안에서 틈틈이 원고를 외우고 있었다.

"틀렸어요! 틀렸어!"

짝! 짝!

리사와 함께 맞은편 좌석에 앉아 있던 재클린이 신경질적으로 손뼉을 마주치자 케네디는 멈칫했다.

"뭐가 또 잘못됐나?"

"원고를 줄줄 읽는 식은 안 된다고 했잖아요."

"원고를 읽지 않으면서 어떻게 나의 정책을 국민들에게 소개한단 말이야?"

이해할 수 없다는 표정을 짓는 케네디를 물끄러미 바라보던 재클린이 자리에서 벌떡 일어섰다.

"내가 시범을 보일게요."

"……!"

버스에 동승하고 있던 여러 참모들의 시선이 일제히 재클린에게 집중되었다.

'어디 얼마나 잘하는지 한번 보자!'

참모들의 눈은 그렇게 말하고 있는 것 같았다. 잠시 케네디와 시선을 마주치고 있던 재클린이 낮지만 분명한 목소리로 말하기 시작했다.

"현재 우리의 미합중국은 분명 위기에 처해 있습니다. 가난은 순간적인 것이라 아니라 아무리 노력해도 벗어날 수 없는 굴레가 되었습니다."

"재클린……?"

원고에는 없는 내용을 능숙하게 말하는 재클린을 올려다보는 케네디의 눈이 커다래졌다. 게다가 재클린은 케네디와 참모들을 청중이라고 생각하고, 그들의 하나하나와 눈을 맞추며 마치 대화를 나누듯 말하고 있었다.

"심지어 아버지의 가난은 대를 물려 아들에게까지 이어지고 있습니다. 아메리카는 더 이상 기회의 땅이 아닙니다. 가난이 대물림되는 중세 유럽의 전제 국가처럼 변해가고 있습니다. 이 위기를 극복하려면 우리는 과연 무엇을 해야 할까요?"

여기서 재클린이 잠시 말을 멈추었다. 그녀가 마치 대답을 기다리듯 참모들의 얼굴을 하나하나 뜯어보았다. 장난스럽게 히죽거리던 참모들의 얼굴에서 어느새 웃음기가 완전히 사라져버렸다.

"꿀꺽!"

재클린과 눈이 마주친 참모들이 저도 모르게 마른침을 삼켰다. 그들은 그만큼 재클린에게 압도당한 상태였다. 재클린이 갑자기 주먹을 번쩍 쳐들며 목청을 높였다.

"저는 우리 국민이 뉴 프런티어 정신으로 무장해야만 한다고 생각합니다!"

"……!"

케네디와 참모들이 주먹을 쳐든 채 그대로 멈춰 선 재클린을 멍하니 바라보았다.

짝짝짝!

"와아, 재클린 멋지다!"

제일 먼저 침묵을 깨뜨리며 박수를 친 사람은 리사였다. 리사에 이어 케네디도 열렬히 박수쳤다.

"대단해, 재클린! 우리들을 단숨에 사로잡았어!"

참모들도 인정할 수밖에 없다는 듯 케네디와 함께 손뼉을 마주쳤다. 재클린이 손을 흔들어 박수를 멈추게 했다. 그녀가 케네디를 향해 물었다.

"당신의 연설과 나의 말하는 방식이 어떻게 다른지 알겠어요?"

"흐음, 글쎄……?"

고민하던 케네디가 손가락을 딱 튕겼다.

"아, 당신은 마치 청중과 대화하듯 말을 하더군."

"그게 바로 포인트예요."

"!"

"지금까지 정치인 대부분은 연설문을 읽는 식으로 자신이 생각하는 바를 국민들에게 일방적으로 주입시키려고 했어요. 이번 TV토론에 나올 닉슨도 크게 다르지 않을 거예요. 그 상태에서 존 당신이 마치 국민들에게 말을 걸듯이 자신의 생각과 정책을 전달해 봐요. 과연 누가 더 국민에게 친근하게 느껴질까요? 누가 더 국민에게 믿음을 줄 수 있을까요?"

"아……!"

케네디의 입술이 벌어지며 감탄사가 새어나왔다. 애정 가득한 눈으로 재클린을 보던 케네디가 천천히 일어나더니 그녀를 와락 부둥켜안았다.

"재클린, 당신이야말로 신께서 나를 위해 보내주신 승리의 여신이 분명해!"

드디어 첫 번째 TV토론 날이 밝았다. 그날도 케네디는 평소와 다름

없이 거리 유세에 나섰다. 리사가 케네디와 함께 유세 버스에 오르는 재클린의 팔을 끌어당겼다.

"재클린, 정말 괜찮겠어?"

"응, 무슨 말이야?"

"오늘은 TV토론이 있는 날이잖아. 준비도 안 하고 유세를 다녀도 괜찮은 거냐고?"

이미 좌석에 앉아 있던 케네디도 떨떠름한 눈치였다.

"나도 실은 걱정이야. 닉슨 후보는 지난 며칠간 계속 토론 준비에만 몰두하고 있다는데, 나는 원고 한 줄 준비하지 않고 유세만 다니고 있으니……."

케네디를 돌아보며 재클린은 싱긋 웃었다.

"존, 당신이 국민들에게 전하고 싶은 핵심 공약이 뭐죠?"

"그야 뉴 프런티어 정신에 입각한 여러 개혁 정책들로 병들어 있는 미국을 치료하자는 것이지."

"지금껏 수백 번도 더 가다듬은 그 공약을 설명하기 위해 따로 원고가 필요한가요?"

"물론 그렇지는 않아."

"당신에게 계속 유세를 시키는 건 TV토론을 할 때 최대한 긴장하지 않도록 만들기 위해서예요. 계속 토론만 준비한 닉슨 후보와 토론 자체를 일상적인 유세 일정 중 하나로 받아들인 당신 중에서 과연 누가 더 카메라 앞에서 긴장하게 될까요?"

운명의 TV토론

"아……!"

순간 케네디와 리사가 동시에 감탄사를 터뜨렸다. 케네디가 씩씩하게 고개를 끄덕였다.

"TV토론도 일반 유세와 똑같이 생각하란 말이지? 알았어. 카메라 앞에서 잔뜩 긴장하고 있는 닉슨의 코를 반드시 납작하게 해줄게."

그날 오전 유세를 모두 마치고서야 케네디와 재클린, 리사는 방송국으로 향했다.

방송국 앞은 오전부터 두 후보의 토론을 방청하려는 시민들로 인산인해를 이루었다. 그 옆에서는 각각 케네디와 닉슨을 지지하는 지지자들이 피켓을 들고 몰려들어 지지하는 후보의 이름을 연호하고 있었다.

수많은 미국 국민들은 잠시 일손을 놓고 TV 앞으로 모여들었다. TV가 없는 사람들은 상점이나 술집 혹은 이웃집에 삼삼오오 모여 역사적인 대결을 지켜보려고 했다. 재클린의 예상대로 세계 최초의 TV토론에 대한 미국인들의 관심은 가히 폭발적이었다.

"으음…… 이 정도면 됐겠지?"

대기실의 거울 앞에 서서 케네디는 늘씬한 몸의 윤곽에 꼭 맞는 양복 정장을 입은 자신의 모습을 비춰보고 있었다. 바로 옆에 서서 케네디를 살펴보던 리사가 엄지손가락을 치켜세웠다.

"존, 오늘따라 더 멋져 보여요. TV를 보는 사람들도 분명 당신에게 푹 빠질 거예요."

"고마워, 리사. 네가 그렇게 말해주니 힘이 나는걸."

케네디가 리사의 팔을 두드리며 친근하게 웃었다. 케네디가 주위를 둘러보며 문득 고개를 갸웃했다.

"그런데 아까부터 재클린이 안 보이는군?"

"그러게요."

리사도 의아한 표정을 지을 때, 재클린이 큼직한 화장품 가방을 든 두 아가씨를 데리고 들어왔다.

"재클린, 곧 토론이 시작되는데 어딜 다녀오는 거야?"

"존, 여기에 좀 앉아 봐요."

케네디의 물음에 대답조차 하지 않고 재클린이 거울 앞으로 의자를 끌어당겼다. 케네디가 의아한 표정으로 의자에 앉았다. 두 아가씨가 기다렸다는 듯이 가방을 열고 화장품을 꺼내더니 케네디의 얼굴에 화장을 시작하는 것이 아닌가. 케네디가 화들짝 놀라 아가씨들을 밀쳐냈다.

"지, 지금 뭐하는 거야?"

남자가 화장을 하는 건 상상조차 할 수 없는 시대였다. 케네디가 놀라는 것은 어쩌면 당연했다. 재클린이 케네디의 어깨에 손을 얹으며 침착하게 설명했다.

"방송국에서 일하는 친구에게 들으니 TV에 출연하는 배우들 대부분은 얼굴에 화장을 한대요. 좀 더 젊고 활기차게 보이도록 말이에요. 일종의 이미지 메이킹이라고 생각해요."

"이미지 메이킹이라고?"

"늙고 지쳐 보이는 후보자와 젊고 활기차 보이는 후보자 중 당신이라면 누구를 선택하겠어요?"

"흐음."

잠시 골똘히 생각하던 케네디가 마지못해 고개를 끄덕였다.

"당신의 생각이 정 그렇다면 하기는 하겠지만……."

"고마워요, 존."

결국 케네디는 다시 자리에 앉아 화장을 하게 되었다. 재클린과 리사는 싱글벙글이었지만 케네디는 매운 겨자를 씹은 듯 미간을 잔뜩 찌푸린 채였다. 화장을 끝낸 케네디의 얼굴은 파운데이션을 너무 발라서 꼭 회칠을 해놓은 것 같았다. 이에 참모들이 문제를 제기했지만 재클린은 태연했다.

"이 정도는 돼야 TV에서 화사하게 보일 거예요. 걱정하지 말고 토론장으로 나가요, 존."

"좋았어!"

드디어 토론장으로 향하는 케네디를 따라가며 재클린과 리사와 참모들이 기합을 불어넣었다.

"케네디 파이팅!"

"닉슨의 코를 납작하게 만들어요!"

수백 명의 방청객들이 지켜보고 열 대도 넘는 카메라가 비추고 있는 가운데 케네디와 닉슨 간의 역사적인 TV토론이 시작되었다. 재클린과 리사도 방청석 맨 앞줄에 앉아 두 후보의 대결을 긴장된 눈으로 지켜보았다.

두 후보의 대결은 시작부터 팽팽하게 전개되었다. 닉슨은 역시 공화당의 전략가답게 케네디의 공격에 한 치도 물러서지 않고 맞섰다. 그는 논리적이었으며 확신에 차 있었다. 그는 정확한 통계와 수치를 근거로 케네디의 주장에 조목조목 반박했다. 토론장의 분위기는 점차 닉슨에게 유리하게 흘러가는 듯이 보였다.

"재클린, 존이 이기고 있는 거 맞아? 내 눈에는 닉슨 후보가 말을 더 잘하고 있는 것 같은데?"

"……."

"재클린?"

"걱정하지 마, 리사. 존은 잘해주고 있어."

"응? 그런데 내 눈에는 왜……?"

재클린이 침착하게 설명했다.

"말을 많이 하고 잘한다고 해서 토론을 잘한다는 건 아니야. 문제는 TV를 시청하고 있는 국민들에게 얼마나 쉽고 친근하게 자신의 생각을 전달하느냐지. 그런 면에서 볼 때 존은 확실히 닉슨 후보를 이기고 있어."

"그게 정말이야?"

아직도 미심쩍어 하는 리사를 돌아보며 재클린이 싱긋 웃었다.

"못 믿겠다면 우리 주변에 있는 청중들의 반응을 살펴보도록 해."

"으응?"

뒤쪽 방청석을 둘러보던 리사는 깜짝 놀랐다. 청중들이 완전히 반해버린 얼굴로 눈을 반짝이고 있었던 것이다.

"케네디 후보, 정말 멋지지 않니?"

"어쩜 얼굴이 저렇게 활기차 보일까?"

"특히 우리를 향해 대화를 나누듯 설명하는 게 너무 편해."

"맞아. 케네디 후보의 설명은 귀에 쏙쏙 들어오는데 닉슨 후보의 말은 너무 어려워."

그제야 리사가 새삼스런 눈으로 토론에 열을 올리고 있는 케네디와 닉슨을 바라보았다. 아닌 게 아니라 닉슨은 연단 위에 올려놓은 쪽지를 힐끔거리며 자신의 정책을 줄줄 읽고 있는 데 반해, 케네디는 청중들과 카메라를 향해 매력적인 미소를 머금은 채 대화를 하듯 설명하고 있었다. 게다가 재클린의 이미지 메이킹 덕분인지 닉슨은 왠지 짜증스럽고 지쳐 보였고, 케네디는 자신감과 생기에 차 있는 것처럼 보였다.

"재클린의 말이 맞아. 이 TV토론이 끝나고 나면 사람들은 분명 닉슨보다는 존에게 훨씬 많은 호감을 갖게 될 거야."

감탄하는 리사의 팔을 쓰다듬으며 재클린이 의미심장하게 웃었다.

"드디어 리사의 눈에도 존의 승리가 보이기 시작하는구나?"
"으응, 확실하게 보여!"
리사의 눈에는 토론장에서 열띤 토론을 벌이고 있는 케네디보다 그의 이미지 메이킹을 담당한 재클린이 훨씬 굉장해 보였다.

9
미합중국의 대통령이 되다

　TV토론의 결과는 리사와 재클린이 예상한 대로였다. 최초의 TV토론은 닉슨에 비해 무명이었던 케네디를 일약 정치 스타로 만들어주었다.

　9월부터 10월까지 총 4회에 걸쳐 CBS, NBC, ABC 방송국에서 주관한 이 토론은 미국 전역에 생중계되었다. TV토론을 시청한 미국인은 무려 7천만 명에 달했고, 이중 57% 이상이 이 토론으로 인해 자신이 투표할 후보를 정했다고 하니 그 영향력이 얼마나 대단했는지 짐작할 만했다.

　TV토론의 결과는 명백히 케네디의 승리였다. 처음에는 두 후보가 비슷한 호감도를 얻었지만 회를 거듭할수록 차이가 벌어졌다. 케네디는 회를 거듭할수록 국민들에게 긍정적인 이미지로 비춰졌으나,

닉슨은 점차 부정적인 이미지로 변했다. TV를 시청한 사람들은 닉슨을 꼬장꼬장하고 고리타분한 사람으로, 케네디를 젊고 활기차고 친근한 사람으로 여기게 되었다.

　재미있는 사실은 이 토론을 TV로 지켜본 사람과 라디오로 들은 사람에게 어느 쪽이 승자였냐고 물어본 결과, TV 시청자는 케네디라고 답한 반면 라디오 청취자들은 닉슨을 더 높게 평가했다는 것이다. 즉, 토론의 내용 면에서는 닉슨이 한 수 위였지만 눈으로 보여지는 이미지는 케네디가 훨씬 좋았다는 뜻이다. 한 마디로 재클린의 이미지 메이킹이 완벽하게 성공을 거둔 셈이었다.

　결국 케네디는 TV토론에서 유권자에게 좋은 인상을 심어주는 데 성공하여 불리한 판세를 역전시키고, 1960년 11월 6일에 실시된 미 합중국 대통령 선거에서 득표율 49.72% 대 49.55%, 숫자로는 불과 10여만 표의 차이로 아슬아슬하게 승리를 거머쥘 수 있었다.

"와아아-! 우리가 이겼다!"

　11월 8일 아침, 대선 승리가 확정되는 순간 케네디의 선거 사무실은 열광의 도가니에 휩싸였다. 로버트와 에드워드를 비롯한 모든 참모들이 케네디를 얼싸안고 감격의 눈물을 흘렸다. 케네디는 감격하는 참모들을 조용히 밀어내고 리사와 나란히 서 있는 재클린을 향해 걸음을 옮겼다. 눈물을 글썽이며 다가온 케네디가 재클린을 격정적으로 끌어안았다.

"사랑해, 재클린. 나의 승리는 온전히 당신의 덕분이야. 당신은 정말로 나의 승리의 여신이야."

"저도 당신을 영원히 사랑해요, 존."

영영 떨어지지 않을 듯 서로를 안고 있는 케네디와 재클린을 지켜보는 리사의 마음은 흐뭇했다. 꿈을 향해 달려가느라 자신에게 소홀한 남편을 원망하기보다는 그의 꿈을 함께 나누어 가질 수 있는 용기를 발휘한 재클린의 현명함에 감탄을 금할 수가 없었다.

'케네디를 향해 재클린의 사랑이야말로 우리 모두가 꿈꾸는 진정한 사랑이 아닐까?'

1961년 1월 20일, 존 피츠제럴드 케네디는 43세의 젊은 나이에 미합중국 제 35대 대통령으로 취임했다. 국회의사당에서 엄숙하게 진행된 취임식에서 케네디는 수많은 지지자들과 주요 인사들 그리고 부친 조지프 패트릭 케네디와 모친 로즈 케네디를 비롯한 여러 형제들, 마지막으로 사랑하는 아내 재클린 앞에서 역사에 길이 남을 연설을 했다.

"친애하는 미국 국민 여러분, 조국이 여러분을 위해 무엇을 할 수 있는지 묻지 마시고 여러분이 조국을 위해 무엇을 할 수 있는지 자문해 보십시오. 친애하는 세계 시민 여러분, 미국이 여러분을 위해 무엇을 베풀어줄 것인지 묻지 마시고, 인류의 자유를 실현하기 위해 우리가 함께 손잡고 무엇을 할 수 있는지 자문해 보십시오.

마지막으로, 여러분이 미국 시민이든 다른 나라의 시민이든 간에, 여러분은 우리가 여러분에게 요청하는 역량과 희생정신을 우리에게 동일한 수준으로 요청하십시오. 우리는 훌륭한 양심이야말로 유일하고 확실한 보상이고, 역사야말로 우리의 행위에 대한 최후의 심판자라고 여깁니다. 하느님의 축복과 도움을 빌지만, 이제 지상의 모든 일은 진정 우리 스스로의 힘으로 이루어 내야 할 바임을 명심하면서 사랑하는 조국을 이끌어 나갑시다."

케네디의 당당한 모습을 지켜보고 있던 리사가 힐끗 고개를 돌려 재클린을 보았다. 그녀의 얼굴은 케네디에 대한 애정과 믿음으로 빛을 발하고 있었다. 이때 청명한 가을 햇살을 받은 재클린의 눈가에서 물기가 반짝 빛났다.

"재클린?"

그 눈물의 의미를 알고 있는 리사가 재클린의 손을 꼭 쥐어주었다. 케네디를 향한 재클린의 믿음과 헌신에 리사 역시 감동했다.

후우우웅--!

이때 리사의 몸 윤곽을 따라 눈부신 빛이 떠올랐다. 빛은 점점 강렬해지더니 리사는 물론 옆자리의 재클린까지 물들였다. 재클린이 눈을 부릅뜨고 리사를 돌아보았다.

"리사 네 몸에서 빛이 나고 있어!"

리사가 푸근한 미소로 재클린을 안심시켰다.

"나는 이제 떠날 거야, 재클린. 앞으로도 부디 존과 행복하길 바랄게."

"기다려, 리사. 대체 어디를 간다는 거야? 리사!"

"안녕, 나의 진정한 친구 존과 재클린."

대통령 취임식장을 환하게 물들였던 빛이 순식간에 흩어지며 리사의 모습이 1961년의 미국에서 거짓말처럼 사라져버렸다.

"맙소사…… 이 녀석도 함께 돌아온 거야?"

책상 위에 놓여 있는 세기의 로맨스 양장본 표지를 내려다보며 리사가 황당한 듯 중얼거렸다. 리사가 천천히 눈을 들어 주변을 둘러보았다. 선재와 아진을 비롯한 반애들의 시선이 아직 리사에게 집중되어 있었다. 리사가 입술을 질끈 깨물며 중얼거렸다.

"쳇, 이번에도 떠나기 직전으로 돌아와버렸군."

아진이 옆에 서 있는 선재를 힐끗 돌아보며 잔인하게 웃었다. 원하는 것을 이룬 만족감이 서린 웃음이기도 했다.

"강리사, 대체 왜 소리를 지른 거야? 설마 이선재가 걱정돼서 그런 건 아니겠지?"

"아아…… 그러니까 그게…….."

우물쭈물하는 리사의 눈에 의심스런 표정으로 자신을 뚫어져라 보고 있는 찬영의 모습이 들어왔다. 리사가 나란히 서 있는 선재와 아진을 향해 코웃음을 쳤다.

"물론 나는 이선재를 걱정하고 있어. 우리 집에서 일하는 고용인이 잘못되면 결과적으로 나에게 손해가 될 테니까."

"호오, 단지 고용인을 걱정하는 주인의 심정이란 말이지?"

아진이 확인하려는 듯 다시 묻자 리사는 움찔했다. 물론 아진이 말한 것처럼 그런 마음은 정말 아니었다. 인정하고 싶지는 않았지만 리사는 선재를 진심으로 걱정하고 있었다.

"……."

선재도 선뜻 대답하지 못하고 당황하는 리사의 얼굴을 빤히 쳐다보았다. 선재의 눈은 아진의 말을 믿고 싶지 않다고 외치고 있었다.

리사도 선재를 실망시키고 싶지 않았다. 하지만 아진의 말에 동의하지 않는다면 선재에게 관심을 쏟고 있는 자신의 마음을 들켜버리고 말 것이다.

결국 리사는 아진의 눈을 똑바로 쳐다보며 고개를 끄덕일 수밖에 없었다.

"그래, 단지 그런 마음이야."

"!"

동시에 선재의 얼굴이 형편없이 일그러졌다. 맹세컨대, 리사는 선재가 저렇게 적나라하게 감정을 드러내는 것을 한 번도 보지 못했다. 한동안 배신감과 실망이 가득한 얼굴로 리사를 응시하던 선재가 휙 돌아서서 교실 밖으로 나가버렸다.

"후우우……."

선재가 사라지자마자 리사가 의자에 허물어지듯 주저앉았다. 굉장히 복잡한 표정을 하고 있던 리사가 세기의 로맨스 표지를 쓰다듬으

며 한숨과 함께 중얼거렸다.

"선재 녀석, 설마 토라진 거야? 내가 틀린 말을 한 것도 아니잖아."

미합중국 35대 대통령 존 F. 케네디

1. 명문가의 차남으로 태어나다

존 F. 케네디를 이야기하려면 먼저 케네디 가문에 대해 언급하지 않을 수 없다. 케네디는 아일랜드 이민자의 후손 조지프 패트릭 케네디와 보스턴 시장을 지낸 존 F. 피츠제럴드의 딸 로즈 피츠제럴드 사이에서 구 남매 중 둘째 아들로 태어났다. 아버지 조지프는 금융, 부동산, 영화산업, 주류업 등으로 많은 재산을 모아 프랭클린 D. 루스벨트 대통령을 재정적으로 후원하고 영국 주재 대사로도 활동했다.

이들 아홉 남매는 명문가의 자손치고 그다지 운은 좋지 않은 것으로 보인다. 장남 조지프 패트릭 케네디 2세는 2차 대전 중 전사했으며 차남 존 피츠제럴드 케네디는 제35대 미국 대통령이 되었으나 암살당했다. 장녀 로즈마리 케네디는 정신지체와 뇌수술 실패로 수용시설에서 지냈고, 차녀 캐슬린 아그네스 케네디는 프랑스에서 비행기 사고로 사망했다. 삼남 로버트 프랜시스 케네디는 법무장관, 상원의원을 지냈으나 로스앤젤레스에서 암살당했고 막내 에드워드 무어 케네디 역시 상원의원이 되었으나 여비서와 함께 자동차를 타고 가다가 사고로 여비서가 사망하는 스캔들과 약물 중독 등으로 더 큰 정치적 꿈을 펼칠 수 없었다. 아홉 남매 중 유니스 메리 케네디 슈라이버, 퍼트리셔 케네디, 클린턴 정부 시절 아일랜드 주재 대사를 역임하기도 했던 진 앤 케네디 이렇게 단 셋만이 그나마 평탄하게 살았다고 할 수 있으니 슬픈 운명이라고 할 수 있겠다.

대단한 성공을 거두어 사회적으로 존경받는 가문이었지만 자손들은 썩 행복한 삶을 살았다고 할 수 없다. 그럼에도 케네디 가문이 미국 최고의 명문가로 손꼽히는 이유는 무엇일까? 그것은 고결한 도전정신으로 미국을 개혁하고자 했던 꿈을 펼쳐보지도 못한 채 젊은 나이로 생을 마감한 존 F. 케네디 대통령에 대한 미국 국민들의 향수 때문은 아닐까?

2. 특별했던 가정교육

대통령을 포함하여 네 명의 형제들이 정치를 할 정도로 케네디가 형제들이 정치인으로서의 자질을 갖게 된 것은 집안 식탁에서부터 시작된 특별한 교육 덕분이었다. 어머니 로즈는 자식들에게 뉴욕타임스를 비롯한 주요 신문, 잡지에서 토론 주제가 될 만한 기사를 읽게 하고 식사 시간을 토론의 장으로 만들었다. 형제들은 의견을 주고받는 사이 토론의 기술은 물론 상대 의견을 경청하고 자기 의견을 펼치면서 자연스럽게 정치력을 몸에 익히게 되었다. 아버지가 만난 유명 인사들이나 사업에 관한 이야기도 식탁의 단골 메뉴였다. 아버지의 이야기를 통해 자녀들은 넓은 세상에 관한 식견을 키울 수 있었다.

사실 존 F. 케네디보다는 형 조지프와 동생 로버트가 집안의 기대를 받는 사람이었다. 형과 동생에 비해 존은 말썽도 많이 피웠고 공부에도 별 관심이 없었다. 존이 청소년 시절 말썽을 피웠을 때 아버지는 이런 편지를 써서 아들에게 전했다고 한다.

"잔소리꾼이 되기 싫다. 너의 재능은 탁월해. 판단이 정확하고 이해력 깊은 사람이 되어주기를!"

아들에 대한 신뢰와 스스로 문제를 해결하도록 독려하는 단호함이 보인다. 이런 교육이 케네디의 자부심과 자신감의 원천이 되었던 것은 아닐까.

3. 43세의 미합중국 대통령

1960년의 대통령 선거에서 공화당은 부통령인 리처드 닉슨을 대통령 후보로 지명했다. 닉슨은 보수적인 정치인으로서 자수성가한 변호사 출신이었다. 그는 자유방임주의와 청교도주의의 전통적인 사상을 가지고 있었다. 이에 도전하는 민주당은 매사추세츠 출신 상원의원이며 진보주의자인 존 F. 케네디를 대통령 후보로 지명했다. 케네디는 동부의 상류 계급 출신 지식인이었다.

그런데 케네디에게는 가톨릭교도라는 약점이 있었다. 미국 헌법에 가톨릭교도의 출마를 금지한 조항은 없었지만 역사상 가톨릭교도였던 대통령은 한 명도 없었고, 선거운동 과정에서 공화당이 종교 문제를 거론하지는 않았지만 많은 미국인이 프로테스탄트교도인 미국에서 가톨릭교도가 대통령이 된다는 것은 상상조차 할 수 없는 일이었다. 또한 가톨릭교도 가운데에는 빈민이 많았기 때문에 케네디가 당선되면 사회주의가 급부상할까 봐 우려하는 사람도 많았다

여러 가지 상황 때문에 선거전 초반 판세는 케네디에게 절대적으로 불리했다. 민주당에서조차 자신들의 젊은 후보가 닉슨을 이기리라고 믿지 않는 분위기였다. 판세를 뒤집는 데 결정적 역할을 한 것은 바로 TV토론이었다. 9월부터 10월까지 총 네 번에 걸친 TV토론은 불리했던 케네디 진영에 희망을 주었다. 결론만 얘기하자면 TV토론은 명백히 케네디의 승리였다. TV토론이 계속 될수록 TV를 보던 사람들은 케네디를 더 지지하게 되었다. TV 속 케네디는 젊고 활기차 보여 상대 후보인 닉슨보다 더 긍정적인 이미지를 심어줄 수 있었던 것이다.

여기에 케네디는 새로운 도전정신으로 미국을 개혁하겠다는 '뉴 프런티어'라는 확실한 구호로 유권자들의 마음을 사로잡았다. 뉴 프런티어의 목표는 풍요의 표면 밑에 가려져 있는 빈곤 문제를 해결하는 것이었다. 케네디는 국민들의 동의 하에 세금을 늘려 빈곤지대를 개발하고, 노인

의료보험 등을 도입해 이러한 문제를 근본적으로 해결하겠다고 공약했다.

1960년 11월 9일 치러진 선거전은 치열했다. 각 당 전당대회를 마친 뒤 실시된 여론조사에서도 47% 동률을 이룰 정도였다. 투표 다음 날 11월 10일 아침에 승부가 판명났고, 닉슨이 패배를 인정한 것은 그날 정오가 다 되어서였다. 케네디는 총 6천8백83만8천979표 중 11만2천803표의 우세를 보여 전국 지지율에서 0.2% 차이밖에 나지 않았지만, 선거인단에서 303명을 확보해 219명을 확보한 닉슨을 따돌렸다.

미국 역사상 43세의 최연소 대통령이 탄생한 것이다. 케네디는 또한 20세기에 태어난 사람으로서 처음으로 미국 대통령이 되었다. 더불어 미국 역사상 최초로 가톨릭교도가 대통령에 당선된 것이기도 했다.

눈 덮인 의사당에서 엄숙하게 거행된 취임식에서 케네디는 역사에 남을 연설문을 낭독했다.

국민 여러분, 조국이 여러분을 위해 무엇을 할 수 있을 것인지 묻지 말고, 여러분이 조국을 위해 무엇을 할 수 있는지 스스로에게 물어 보십시오. 세계의 시민 여러분, 미국이 여러분을 위해 무엇을 베풀 것인지 묻지 말고, 우리 모두가 손잡고 인간의 자유를 위해 무엇을 할 수 있을지 스스로에게 물어보십시오.

4. 짧지만 위대했던 재임 시절

케네디 대통령의 재임 기간은 불과 2년 10개월에 불과했다. 그 짧은 기간 동안 의회와의 관계도 그다지 원활하지 못했다. 대통령은 자신의 공약대로 인종, 종교, 국적 등에 따른 차별을 철폐하기 위한 포괄적인 민권법안을 제안했지만 의회에서 통과되지 못했다. 그가 세상을 떠난 후, 대통령직을 승계한 부통령 린든 존슨의 노력으로 1964년 7월 2일에야 가까스로 통과될 수 있었다. 이 법안은 현재까지도 미국 역사상 시민권에 관한 가장 중요한 연방법으로 평가받고 있다.

또한 케네디 행정부는 여성지위자문위원회를 설치해 여성들의 정치적, 경제적, 교육적 지위를 개선하려고 노력했다. 이러한 노력은 1963년 동등 임금법 통과로 이어졌고, 민권법에도 반영되었다. 복지 분야에서도 노인 의료보험제도의 실시를 의회에 강력히 권고하면서 정부에 사회보장자

문위원회를 설치했다. 이러한 노력은 케네디 사후에 노인 의료보험제도(메디케어)와 저소득층 의료보호제도(메디케이드)를 포함한 사회보장법 개정안이 1965년 통과됨으로써 결실을 맺게 되었다.

케네디는 민권 운동도 지지했다. 대통령과 그의 동생 로버트 케네디 법무장관은 흑인들에 대해 동정적이었다. 그들은 대중교통 수단에서의 인종 차별을 철폐하고, 흑인의 투표권 행사를 보장해주려고 노력했다. 1962년, 미시시피 대학이 흑인 청년 제임스 메레디스의 입학을 거부했을 때에는 연방군을 파견해 보호해주기도 했다.

1962년 10월 22일부터 11월 2일에까지 쿠바 미사일 위기가 닥쳤다. 1959년 수립된 쿠바의 혁명정부에 대해 미국은 1961년 4월 중앙정보국의 주도 하에 쿠바 반혁명군의 침공 작전을 도왔고, 미주기구에서 쿠바를 축출했다. 미군은 또한 해군과 공군을 동원해 쿠바의 영해와 영공을 침범하는 등 군사적, 외교적 압박을 계속했다. 수세에 몰린 쿠바는 1962년 9월 '소련-쿠바 무기원조협정'을 체결하고 소련의 미사일을 도입했다. 미국은 그해 10월 14일 중거리탄도미사일의 발사대가 쿠바에 건설 중임을 공중촬영으로 확인했다. 22일 미국 대통령 케네디는 텔레비전 전국 방송에 등장해 처음으로 "소련은 서반구에 대하여 핵공격을 가할 수 있는 기지를 쿠바에 건설 중"이라고 공포하고, 쿠바에 대하여 해상봉쇄 조치를 단행했다. 케네디는 소련의 흐루쇼프 서기장에게 국제연합의 감시 하에 공격용 무기를 철거할 것을 요구했다.

전 세계가 긴장 속에 지켜보는 가운데 미국과 소련 두 강대국은 핵전쟁 직전까지 대치했다. 급박한 대치상황 끝에 소련은 26일 미국이 쿠바를 침공하지 않겠다고 약속한다면 미사일을 철거하겠다는 뜻을 전달하고, 27일 쿠바의 소련 미사일기지와 터키의 미국 미사일기지의 상호철수를 제안했다. 이에 대하여 미국은 27일의 제안은 무시하고, 26일의 제안을 수락할 것을 결정했다. 28일 흐루쇼프는 미사일의 철거를 명령하고, 쿠바로 향하던 16척의 소련선단의 방향을 소련으로 돌림으로써 11월 2일 위기는 사라졌다. 소련이 쿠바로부터의 폭격기 철거에 동의한 20일 미국은 해상봉쇄를 풀었으며, 12월 7일 소련은 공격용 무기를 쿠바로부터 철거하였음을 미국에 통고했다. 이 사건을 계기로 1963년 미.소 간에 핫라인이 개설되었고, 핵전쟁 회피라는 공통의 목표 하에 '부분적 핵실험금지조약'이 체결되었다.

쿠바미사일 위기를 평화적으로 해결함으로써 케네디는 다시 한 번 합리적이고 확고한 지도자로서의 이미지를 전 세계인들에게 각인시켰다.

4. 갑작스런 암살

1963년 11월 22일 오후 12시 30분, 텍사스주 댈러스에서 케네디는 영부인 재클린과 함께 무개차를 타고 퍼레이드 중이었다. 이때 어디선가 한 발의 총성이 울렸고, 케네디가 재클린의 무릎 위로 쓰러졌다. 대통령이 저격당한 것이다. 대통령은 급히 병원으로 옮겨졌으나, 오후 1시 공식적으로 사망이 선고되었다.

오후 1시 50분경 용의자 리 하비 오스월드가 체포되었다. 체포 당시 오스월드는 범행을 부인했고, 비밀경호국과 연방수사국에서 배후를 밝히기 위해 오스월드를 심문했지만 실패했다. 그리고 이틀 뒤 오스월드는 호송을 위해 댈러스 경찰서 지하실에서 나오는 순간 나이트클럽 운영자 잭 루비에 의해 사살당하고 말았다.

암살당한 날부터 약 한 달 전인 10월 27일 대통령은 애머스트 칼리지에서 로버트 프로스트를 추모하는 연설을 했다. 이 유명한 연설에서 케네디는 자신이 꿈꾸는 미국의 미래를 밝혔다.

나는 미국의 위대한 미래를 바라봅니다. 군사력이 도덕적 억제력에 부합하고, 부가 지혜에 부합하고, 권력이 목적에 부합하는 미래입니다. 나는 우아함과 아름다움을 두려워하지 않는 미국, 환경의 아름다움을 보호하는 미국…… 예술적 성취 수준을 꾸준히 높여가고 국민 모두를 위하여 문화적 기회를 꾸준히 확대하는 미국을 바라봅니다. 비단 힘 때문만이 아니라 그 문명 때문에 세계로부터 존경 받는 미국을 바라봅니다.

현재의 미국이 케네디가 꿈꾸던 그런 미국이라고 할 수는 없을 것이다. 미국은 지나친 패권주의로 세계 곳곳에서 갈등을 일으키고, 내부적으로 부의 편중은 점차 심해지고 있으며, 흑백갈등은 여전히 진행 중이다. 어쩌면 그렇기에 많은 미국인들이 지금까지도 케네디를 그리워하고 있는 것은 아닐까? 너무도 젊은 나이에 세상을 떠난 케네디가 살아 있었다면 미합중국이 지금보다는 조금 더 나은 모습이 아니었을까 하는 기대감 때문에 말이다.